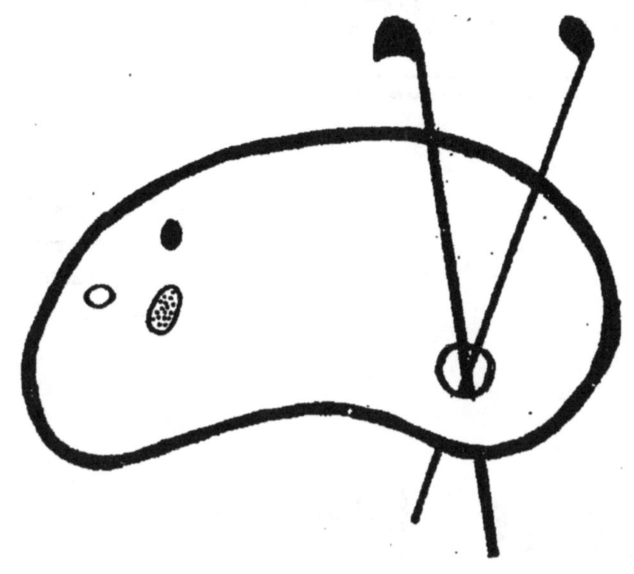

DEBUT D'UNE SERIE DE DOCUMENTS
EN COULEUR

V. ERMONI

*Professeur au Scolasticat
des Lazaristes*

Saint Paul

et

la Prière

BLOUD & Cie

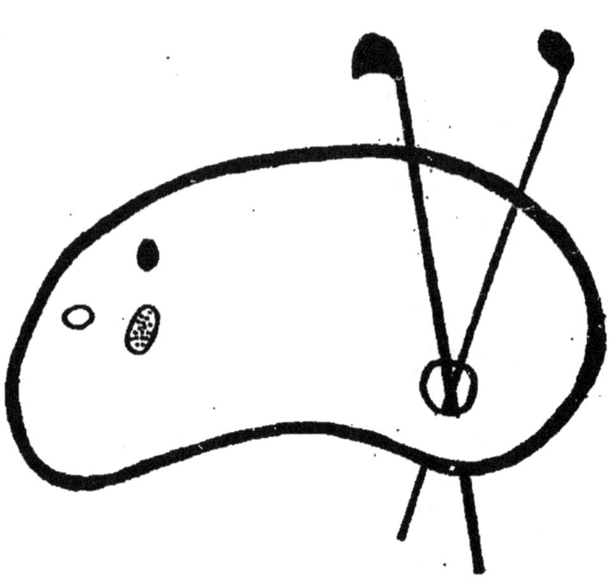

FIN D'UNE SÉRIE DE DOCUMENTS
EN COULEUR

SAINT PAUL ET LA PRIÈRE

PAR

V. ERMONI

PARIS

LIBRAIRIE BLOUD & Cie

4, RUE MADAME, 4

1907

Reproduction et traduction interdites.

DU MÊME AUTEUR :

Saint Jean Damascène, 1 vol. Collection *La Pensée Chrétienne.*
Prix : 3 francs, *franco* : 3 fr. 50.

COLLECTION « SCIENCE ET RELIGION »

La Bible et l'Orientalisme. — **La Bible et l'Egyptologie** (*208*) 1 vol.
La Bible et l'Assyriologie (*209*)....................... 1 vol.
La Primauté de l'évêque de Rome dans les trois premiers siècles (*241*)................................... 1 vol.
Histoire du Credo. — **Le Symbole des Apôtres** (*248*) 1 vol.
La Bible et l'Archéologie Syrienne (*272*).......... 1 vol.
L'Agape dans l'Eglise primitive (*273*)...... .... 1 vol.
L'Eucharistie dans l'Eglise primitive (*290*)........, 1 vol.
Le Baptême dans l'Eglise primitive (*298*)........... 1 vol.
Les Premiers ouvriers de l'Evangile. I. — **Les Apôtres, les Evangélistes, les Prophètes, les Docteurs** (*344*)........,.... 1 vol.
Les Premiers ouvriers de l'Evangile. II. — **Les Diacres, les Higoumènes, les Liturgistes, les Pasteurs, les Prohigoumènes, les Préposés** (*345*)................................. 1 vol.
Jésus et la prière dans l'Evangile (*404*)............. 1 vol.
Le Carême (*422*)....................................... 1 vol.

MÊME SÉRIE

Batiffol (Pierre), Recteur de l'Institut catholique de Toulouse. — **La Question biblique dans l'anglicanisme** (*376*).... ... 1 vol.
Broglie (Abbé de). — **Les Prophéties messianiques,** avec préface par Augustin Largent, professeur honoraire à la Faculté de Théologie de Paris. (*302-303*). 2 vol. Prix................ **1 fr. 20**
Calmes (Th.). — **Comment se sont formés les Evangiles.** *La Question synoptique. — L'Evangile de saint Jean* (*49*)...... 1 vol.
— **Qu'est-ce que l'Ecriture sainte ?** *Les livres inspirés dans l'antiquité chrétienne. — Théorie de l'inspiration* (*85*)....... 1 vol.
— **l'Apocalypse devant la tradition et devant la critique** (*335*)... 1 vol.
Chauvin (Constantin), Consulteur de la *Commission biblique.* — **La Bible depuis ses origines jusqu'à nos jours.** 2 vol. se vendant séparément.
I. — *La Bible chez les Juifs* (*91*)........................... 1 vol.
II. — *La Bible dans l'Eglise catholique* (*92*)............... 1 vol.
— **Histoire de l'Antéchrist,** *d'après la Bible et les Saints Pères* (*166*)... 1 vol.
Colomer (B.), Professeur de grand séminaire. — **La Bible et les Théories scientifiques.** *L'Eglise infaillible gardienne des divines Ecritures, son attitude en face de la science* (*109*)........... 1 vol.
Méchineau (Lucien), Professeur à l'Université pontificale léonienne, — **L'Autorité humaine des Livres saints** (*87*)........... 1 vol.
— **L'origine apostolique du Nouveau Testament** (*110*). 1 vol.
— **L'Origine mosaïque du Pentateuque** (*142*).............. 1 vol.
Prat (Ferdinand), Secrétaire de la *Commission biblique.* — **La Bible et l'Histoire** (*286*).................................. 1 vol.
— **Le Code du Sinaï,** sa genèse et son évolution. — Sommaire : *L'Héritier des Patriarches, — Moïse à l'école de l'Egypte et de la Chaldée. — Le Messager de Jéhovah. — La Raison d'Etat. — Légistes et interprètes* (*295*).................................. 1 vol.

AVANT-PROPOS

Nous avons consacré un volume à Jésus et la prière dans l'Evangile. Les écrits pauliniens contiennent un recueil de prières aussi variées par la forme qu'instructives par le fond. Les âmes chrétiennes perdraient beaucoup à les ignorer. Paul, par son ministère et par ses Epîtres, c'est-à-dire par son double enseignement : oral et écrit, a joué un rôle trop considérable dans les premiers temps du Christianisme pour que l'on puisse se dispenser de connaître sa pensée sur tous les sujets qui se rattachent à l'éducation religieuse du chrétien.

D'autre part la prière qui sort de ses lèvres est comme un écho de la génération apostolique. L'étudier c'est donc entrer en communion de sentiments avec les premiers chrétiens, c'est puiser les éléments de sa piété aux sources les plus pures et les plus vénérables. La prière est d'autant plus précieuse qu'elle est plus ancienne, parce qu'elle tire de son antiquité historique, si l'on peut s'exprimer ainsi, une plus vivante impression du divin. Mettons-nous donc un moment à l'école de Paul pour y apprendre l'art de la prière. Quoique strictement critique, cette étude sera très profitable aux âmes chrétiennes, car elle ne fait que leur exposer les formules euchologiques du grand Apôtre (1).

(1) Pour la *Bibliographie*, voir : *Jésus et la prière dans l'Evangile.*

SAINT PAUL ET LA PRIÈRE

CHAPITRE PREMIER

La vision sur le chemin de Damas.

La vision sur le chemin de Damas marque une date décisive dans la vie de Paul. Elle est le point de départ d'une profonde révolution qui s'accomplit dans l'intimité de sa conscience, et elle a une portée immense pour l'avenir du Christianisme. Paul en sort complètement transformé ; à partir de ce moment il cesse de persécuter l'Eglise naissante et devient l'infatigable apôtre de Jésus-Christ. On peut dire que sa vie chrétienne commence à ce moment ; et sa piété trouve dans ce phénomène son premier épanouissement. Il faut donc essayer de surprendre les premières manifestations de la piété chrétienne dans cette âme de nouveau converti.

Paul lui-même a eu soin de nous faire connaître, dans l'Epître aux Galates, i, 15-16, l'idée qu'il avait de sa nouvelle mission, de son apostolat : « Lorsqu'il plut, dit-il, à celui qui m'avait mis à part, dès le sein de ma mère, et qui m'a appelé par sa grâce, de révéler en moi son Fils afin que je l'annonçasse parmi les païens, etc. » (1). Ainsi Paul a nettement conscience d'avoir été l'objet d'une sorte de prédestination : dès le sein de sa mère,

(1) Ὅτε δὲ εὐδόκησεν ὁ ἀφορίσας με ἐκ κοιλίας μητρός μου καὶ καλέσας διὰ τῆς χάριτος αὐτοῦ, ἀποκαλύψαι τὸν υἱὸν αὐτοῦ ἐν ἐμοί, ἵνα εὐαγγελίζωμαι αὐτὸν ἐν τοῖς ἔθνεσιν, κ. τ. λ.

Dieu l'a marqué d'une vocation toute spéciale. C'est Dieu aussi qui lui a révélé son propre Fils. C'est peut-être la plus grande œuvre divine à son égard ; en tout cas, elle est le germe de tous les développements futurs.

On peut chercher, par voie de conjecture, à déterminer le contenu de cette révélation. A cet effet deux textes méritent d'être utilisés. Suivant Rom. viii, 34, Paul acquit par cette révélation la certitude que le Christ est ressuscité, qu'il est assis à la droite de Dieu et qu'il intercède pour nous (1). Le début de l'Epître aux Galates, i, 1, précise le fait de la résurrection : Dieu le Père lui avait manifesté Jésus-Christ qu'il avait lui-même ressuscité d'entre les morts (2).

Nous n'avons fait que le premier pas. Il est opportun d'avancer dans cette direction. Puisque nous nous proposons d'étudier les divers types des prières paulines, nous ne pouvons nous dispenser d'analyser les premières conceptions religieuses de l'apôtre. Sous quel concept général se représentait-il Jésus-Christ, et dans quel rapport croyait-il être avec lui (3) ?

Jésus est pour lui le Seigneur. Il est donc le chef des chrétiens, leur tête. Les chrétiens lui

---

(1) ... μᾶλλον δὲ καὶ ἐγερθείς, ὅς καὶ ἔστιν ἐν δεξιᾷ τοῦ Θεοῦ, ὅς καὶ ἐντυγχάνει ὑπὲρ ἡμῶν.

(2) ... διά... Θεοῦ πατρὸς τοῦ ἐγείραντος αὐτὸν ἐκ νεκρῶν. Pour plus de développements voir Iᵃ Cor. xv, 3-8.

(3) Il va sans dire que je n'ai pas l'intention de décrire la Christologie de Paul. Je n'expose que les idées que je regarde comme nécessaires à la présente étude.

appartiennent et constituent son peuple, son corps. La pensée que le Christ est le « Seigneur » le Maître de la création, le Juge des vivants et des morts, revient assez souvent sous la plume de l'Apôtre. Le dépouillement des documents va le montrer.

Rom. ι, 4, Jésus-Christ Notre-Seigneur (Ἰησοῦ Χριστοῦ τοῦ κυρίου ἡμῶν) a été déclaré Fils de Dieu d'une manière puissante, selon l'Esprit de sainteté, par sa résurrection d'entre les morts. *Ibid*. xiv, 9, le Christ est mort et il a vécu pour dominer sur les morts et sur les vivants (1). 1ᵃ Cor. viii, 6, déclare que nous n'avons qu'un seul Dieu, le Père de qui viennent toutes choses et pour qui nous sommes, et qu'un seul Seigneur, Jésus-Christ par qui sont toutes choses et par qui nous sommes (2). 1ᵃ Cor. xi, 32, lorsque nous sommes jugés, nous sommes châtiés par le Seigneur (3).

La lumière de Jésus-Christ a donc éclairé l'intelligence de Paul. Le persécuteur de Tarse est désormais conquis à la cause de l'Evangile. A son service il mettra encore plus d'ardeur qu'il n'en avait mis à défendre le judaïsme. Il ne vivra plus

---

(1) Εἰς τοῦτο γὰρ Χριστὸς ἀπέθανεν καὶ ἔζησεν, ἵνα καὶ νεκρῶν καὶ ζώντων κυριεύσῃ.

(2) ... καὶ εἷς κύριος Ἰησοῦς Χριστός, δι' οὗ τὰ πάντα καὶ ἡμεῖς δι' αὐτοῦ.

(3) Κρινόμενοι δὲ ὑπὸ κυρίου παιδευόμεθα, κ. τ. λ. Pour compléter ce point de vue voir aussi : Gal. iii, 1 ; Philip. ii, 5-11 ; Iᵃ Thess. i, 10. Cf. J. MULLER, *Das persönliche Christentum der paulinischen Gemeinden.* (Leipzig, 1898), p. 79 et suiv.

que pour l'œuvre qu'il a entreprise, ou plutôt à laquelle il a été appelé. Jésus-Christ est son maître. Aussi Paul aime-t-il, surtout dans le prologue de ses Epîtres, mettre en relief les liens qui le rattachent à Celui qui avait pris possession de son esprit et de son cœur : il est le serviteur (δοῦλος) de Jésus-Christ, Rom. ι, 1 ; Philip. ι, 1 ; il est son apôtre (ἀπόστολος) 1ᵃ Cor. ι, 1 ; 2ᵃ Cor. ι, 1 ; Ephes. ι, 1 ; Col. ι, 1 ; 1ᵃ Tim. ι, 1 ; 2ᵃ Tim. ι, 1 ; Tit. ι, 1 ; il est apôtre non de la part des hommes, ni par un homme, mais par Jésus-Christ (ἀπόστολος... διὰ Ἰησοῦ Χριστοῦ), Gal. ι, 1 ; enfin il est prisonnier (δέσμιος) de Jésus-Christ, Phil. 1. Nous savons maintenant ce qu'il est. Nous allons voir comment il prie. La connaissance de son état d'âme était nécessaire pour bien comprendre les élans de sa piété (1).

CHAPITRE II

Ceux à qui s'adressent les prières de saint Paul.

I. La prière à Dieu. — II. La prière au « Seigneur ». III. La prière dans ses rapports avec Jésus-Christ.

I. — LA PRIÈRE A DIEU.

A. — *La prière au « Dieu unique »*.

Paul n'était pas un converti du paganisme ; il venait directement du judaïsme. Il n'avait donc

---

(1) Je suis, à peu de choses près, le plan de E. F. Von der Goltz, *Das Gebet in d. ält. Christ.*, p. 89-122.

jamais vécu dans le polythéisme, mais il avait toujours été monothéiste. Sa conversion au christianisme lui avait appris la divinité de Jésus, elle ne lui avait pas révélé l'unité de Dieu. Dans le judaïsme, Paul avait adressé, ainsi que ses coreligionnaires, des prières à Iahveh, au seul Dieu, au créateur du ciel et de la terre. Son entrée dans le christianisme ne modifia pas, sous ce rapport, ses habitudes, et l'on doit s'attendre naturellement à trouver dans ses écrits des prières adressées à Dieu maître absolu de la création.

Lorsqu'on lit les Epîtres du grand apôtre, on constate que son esprit se reporte parfois sur le Dieu de ses anciens coreligionnaires, qui est aussi le Dieu de l'humanité ; il parle même explicitement du Dieu des Juifs. Rom. x, 1, il prie Dieu pour le salut des Juifs. *Ibid.* xi, 1, Dieu n'a pas rejeté son peuple. Paul est lui-même israélite, issu de la race d'Abraham, de la tribu de Benjamin. *Ibid.* xv, 8, il va même plus loin : Jésus-Christ lui-même a été le ministre de la circoncision pour prouver la véracité de Dieu en confirmant les promesses faites aux pères (1). Le Dieu qu'il adore et qu'il invoque, devenu chrétien, est le même que Celui qu'il avait adoré et invoqué au sein du judaïsme.

Examinons maintenant quel langage sa piété parle à ce Dieu.

1° C'est l'*action de grâces* : Rom. i, 21, il blâme

____

(1) . . εἰς τὸ βεβαιῶσαι τὰς ἐπαγγελίας τῶν πατέρων. — Voir aussi, pour le monothéisme de Paul, Rom. iii, 30 ; xi, 36 ; Iᵃ Cor. viii, 4, 6 ; Ephes. iv, 6.

les philosophes païens de ce que, ayant connu Dieu, ils ne l'ont pas glorifié comme Dieu et ne lui ont pas rendu grâces comme à Dieu (1). *Ibid.* vi, 17, il rend grâces à Dieu de ce que les Romains, après avoir été esclaves du péché, ont obéi de cœur à la règle de doctrine dans laquelle ils avaient été instruits (2). 2ᵃ Cor. viii, 16, il rend grâces à Dieu de ce qu'il a mis dans le cœur de Tite la même sollicitude pour les Corinthiens (3). *Ibid.* ix, 15, il rend grâces à Dieu pour son don inénarrable (4). Philip. i, 3, il rend grâces à son Dieu de tout le souvenir qu'il garde des Philippiens (5). 1ᵃ Thess. i, 1, lui, Silvanus et Timothée rendent continuellement grâces à Dieu (6). *Ibid.* iii, 9, il se demande quelle action de grâces ils peuvent rendre à Dieu pour les Thessaloniciens (7). 2ᵃ Thess. i, 3, ils sont obligés de rendre toujours grâces à Dieu pour ces mêmes Thessaloniciens (8). — 2° C'est l'*adoration* : 1ᵃ Cor. xiv, 25, l'infidèle ou l'ignorant, les secrets de son cœur ayant été dévoilés, tombera sur sa face, adorera Dieu, et déclarera que Dieu est au milieu des Corin-

(1) ... οὐχ ὡς Θεὸν ἐδόξασαν ἢ ηὐχαρίστησαν, κ. τ. λ. —

(2) Χάρις δὲ τῷ Θεῷ, κ. τ. λ.

(3) Χάρις δὲ τῷ Θεῷ, κ. τ. λ.

(4) Χάρις δὲ τῷ Θεῷ, κ. τ. λ.

(5) Εὐχαριστῶ (au lieu de χάρις) τῷ Θεῷ μου, κ. τ. λ.

(6) Διὰ τοῦτο καὶ ἡμεῖς εὐχαριστοῦμεν τῷ Θεῷ ἀδιαλείπτως, κ. τ. λ.

(7) Τίνα γὰρ εὐχαριστίαν δυνάμεθα τῷ Θεῷ ἀνταποδοῦναι περὶ ὑμῶν, κ. τ. λ.

(8) Εὐχαριστεῖν ὀφείλομεν τῷ Θεῷ πάντοτε περὶ ὑμῶν, κ. τ. λ.

thiens (1). — 3° C'est la *prière :* 2ᵃ Cor. xiii, 7, lui et Timothée prient Dieu pour que les Corinthiens ne fassent rien de mal (2). — 4° C'est tout ensemble la *prière* et *l'action de grâces,* ou *l'action de grâces* et la *prière :* Philip. iv, 6, il recommande aux Philippiens de n'être pas inquiets, mais de faire connaître, en toute chose, leurs besoins à Dieu par la prière et la supplication avec l'action de grâces (3). 1ᵃ Thess, i, 2, lui, Silvanus et Timothée rendent continuellement grâces à Dieu pour tous les fidèles de Thessalonique, faisant mémoire d'eux dans toutes leurs prières (4). — 5° C'est la *gloire* rendue à Dieu : Philip. iv, 20 : « Gloire soit à Dieu et à notre Père dans les siècles des siècles (5). — 6° Enfin c'est Dieu *pris à témoin :* Rom. i, 9 ; 2ᵃ Cor. i, 23 ; Philip. i, 8 ; 1ᵃ Thess. ii, 5, 10.

Il est donc visible que saint Paul s'élève vers le Dieu de ses pères par les élans de sa piété, par l'amour de son âme. Le sentiment qui domine en lui est celui de l'action de grâces. Il aime remercier Dieu, lui attribuer tout le bien qui s'opère par lui ou dans les communautés chrétiennes sur lesquelles il exerce sa vigilance.

(1) ... καὶ οὕτως πεσὼν ἐπὶ πρόσωπον προσκυνήσει τῷ Θεῷ, κ. τ. λ. La *proskunésis* est l'adoration par laquelle on se prosterne la face contre terre devant un personnage. Ce culte était rendu même aux empereurs.

(2) Εὐχόμεθα δὲ πρὸς τὸν Θεόν, κ. τ. λ.

(3) ... ἐν παντὶ, τῇ προσευχῇ καὶ τῇ δεήσει μετὰ εὐχαριστίας τὰ αἰτήματα ὑμῶν γνωριζέσθω πρὸς τὸν Θεόν.

(4) Εὐχαριστοῦμεν τῷ Θεῷ πάντοτε περὶ πάντων ὑμῶν, μνείαν ποιούμενοι ἐπὶ τῶν προσευχῶν ἡμῶν, κ. τ. λ.

(5) τῷ δὲ Θεῷ καὶ πατρὶ ἡμῶν ἡ δόξα εἰς τοὺς αἰῶνας τῶν αἰώνων. Voir aussi Rom. xi, 36.

Il est naturel que le bien remonte à sa source et que l'on rapporte les fruits du salut à Celui qui a appelé à l'apostolat (1).

B. — *La prière à Dieu « Père ».*

En entrant dans le Christianisme, Paul avait pris pleinement conscience de la paternité de Dieu (2). Il sait que Dieu est le père de tous les hommes. Dès lors, dans quelques-unes des effusions de sa piété, il s'adresse à lui comme à un Père.

Nous avons déjà rencontré l'expression « notre père » dans Rom. xi, 36. Recueillons les autres indications. Rom., viii, 14 est une maxime générale qui nous éclaire sur le vrai caractère de la religion : « Tous ceux qui sont conduits par l'Esprit de Dieu sont fils de Dieu (3) ». Le verset suivant oppose l'esprit de la nouvelle loi à celui de l'ancienne. L'esprit de l'ancienne loi est un esprit de servitude et de crainte ; celui de la nouvelle loi est un esprit de filiation adoptive par lequel nous crions : « Abba ! (4) Père ! (5) ». Car

(1) Le terme εὐχάριστος [γυνή] se trouve dans Prov. xi, 16, et le terme εὐχάριστια [τοῦ κύριου] dans Sap. xvi, 28.

(2) Nous disons « pleinement conscience », car la paternité de Dieu se trouve dans l'Ancien Testament : Eccli., xxiii, 1, 4 ; Is., lxiii, 16 ; lxiv, 8 ; Jer., iii, 19 ; xxxi, 9 ; Malach., i, 6.

(3) Ὅσοι γὰρ πνεύματι Θεοῦ ἄγονται, οὗτοι εἰσιν υἱοὶ Θεοῦ.

(4) *Abba* est un mot araméen qui signifie *Père*.

(5) ... ἐλάβετε πνεῦμα υἱοθεσίας ἐν ᾧ κράζομεν · Ἀββᾶ, ὁ πατήρ.

nous sommes vraiment les enfants de Dieu (1).

Cette filiation divine dépend, dans la pensée de l'apôtre, de Jésus-Christ. Elle est l'œuvre du Sauveur. L'Epître aux Galates ouvre clairement cette perspective et introduit cette donnée dans l'enchaînement des idées ; vi, 4 : « Lorsque la plénitude du temps fut arrivée, Dieu envoya son Fils, né d'une femme, né sous la loi. » Et pourquoi a-t-il envoyé son Fils ? Le verset 5 donne la réponse : « Afin qu'il rachetât ceux qui étaient sous la loi, afin que nous reçussions sa filiation adoptive. » Le Fils naturel de Dieu nous a donc, par sa venue au milieu de nous, conféré la filiation morale ; il nous a faits fils adoptifs de Dieu. Dès lors, le verset 6 pose la conclusion : « Parce que vous êtes fils, Dieu a envoyé dans nos cœurs (2) l'Esprit de son Fils, lequel crie : « Abba ! Père » (3). S'il en est ainsi, verset 7, « tu n'es donc plus esclave, mais fils ; or si tu es fils, tu es aussi héritier par (la grâce) de Dieu » (4).

(1) ... ὅτι ἐσμὲν τέχνα Θεοῦ (verset 16) ; ... τῶν τέχνων τοῦ Θεοῦ (verset 21). Ephes., iii, 15 nous apprend que toute famille au ciel (les chœurs des anges) et sur la terre vient de Dieu.

(2) Au lieu de ἡμῶν, « nos », ζ a la leçon ὑμῶν, « vos » [cœurs], qui est plus en rapport avec ce qui précède : « *vous* êtes ». La même opposition se retrouve cependant dans Rom., viii, 15 : « *Vous* avez reçu... *nous* crions. »

(3) ῞Οτι δέ ἐστε υἱοί, ἐξαπέστειλεν ὁ Θεὸς τὸ πνεῦμα τοῦ υἱοῦ αὐτοῦ εἰς τὰς καρδίας ἡμῶν, κρᾶζον · ᾿Αββᾶ, ὁ πατήρ. Ainsi dans Rom., viii, 15, c'est nous qui crions : Abba ! Père ! Dans Gal., iv, 6, c'est l'Esprit du Fils.

(4) C'est la leçon des éditions critiques : κληρονόμος διὰ Θεοῦ. La Vulgate latine a, en somme, bien traduit : *heres per Deum.*

Il serait inutile d'insister. Paul a certainement emprunté à l'Ancien Testament la notion de « paternité divine ». Mais, devenu chrétien, il a approfondi et mieux compris la relation de Père et de fils qui existe entre Dieu et le chrétien. Il lui a surtout donné un caractère surnaturel, et en a indiqué le vrai fondement : la personne de Jésus-Christ. En venant dans ce monde le Fils éternel de Dieu a conféré aux hommes rachetés la dignité et le privilège de fils adoptifs. Notre filiation dérive de celle de Jésus par une analogie infiniment imparfaite (1).

II. — La prière au « Seigneur ».

Dans bien des passages de ses Epîtres, Paul adresse des prières et des louanges à Jésus-Christ lui-même. En s'adressant au Sauveur, il le désigne invariablement par le titre « Seigneur » (ὁ κύριος) qui indique la majesté et la domination. Ce titre n'est cependant pas une création originale ; il a une histoire dans la philologie sémitique. Il importe d'en dire quelque chose, avant de dresser le catalogue des prières faites au Seigneur.

Le terme « Seigneur » (κύριος, *dominus*) qui a passé dans le Nouveau Testament, vient de l'araméen *mâr*. Dalman (2) a observé avec raison que le terme *mâr*, en araméen, est toujours accompagné du suffixe : *î*, « mon », *nâ*, « notre » ; on

(1) Rom., viii, 17 éclaire cette idée : nous sommes héritiers de Dieu et cohéritiers du Christ. En un sens, Jésus est donc notre frère.

(2) *Worte Jesu*, t. i, p. 270.

dit donc : *mâr-î* « mon Seigneur » (ὁ κύριος μου, *dominus meus*), et : *mâr-nâ,* « notre Seigneur » (ὁ κύριος ἡμῶν, *dominus noster*) (1). On comprend donc sans peine que les disciples de Jésus, lui aient donné le titre de « Seigneur », surtout lorsque Jésus, par sa résurrection, eut pris possession du royaume céleste (2). Paul lui-même fait graviter, Rom. xiv, 9, la domination universelle de Jésus autour de sa mort et de sa résurrection.

Parcourons maintenant les renseignements, en les groupant, en vue de la clarté, sous quelques titres généraux (3).

A. — *Le règne céleste de Jésus.*

La domination, que Jésus exerce au ciel, est une des grandes idées christologiques de Paul. Cette domination s'est réalisée après la résurrection, et c'est surtout, semble-t-il, sous ce rapport que Jésus est appelé « Seigneur ». L'Epître aux

(1) Aujourd'hui même en Orient, le terme : *mâr* est le titre honorifique que les chrétiens donnent aux grands dignitaires de l'Eglise : évêques, archevêques, patriarches. Ils disent par exemple : *mâr* Iaqoûb. *mâr* Iousouph. Notre titre de *Monseigneur* (mon Seigneur) n'est qu'une dérivation de cet usage oriental.

(2) Dans Mt., xxiv, 45, 46, le mot emporte le sens spécifique de domination. Dans Act., ii, 36, le terme « Seigneur » paraît être une application de Ps., cix, 1. On désignait aussi les empereurs romains par les expressions : ὁ κύριος, ὁ κύριος ἡμῶν. Cet usage n'a exercé aucune influence sur Paul.

(3) La plus ancienne prière adressée à Jésus est probablement la formule, Iᵃ Cor., xvi, 22 : *marân âthâ,* « notre Seigneur vient », ou : *maranâ thâ* « notre Seigneur, viens ».

Romains est catégorique : x, 9 : « Si tu confesses de ta bouche le Seigneur Jésus et si tu crois dans ton cœur que Dieu l'a ressuscité des morts, tu seras sauvé (1) ».

Il faut donc croire, pour être sauvé, que Jésus est le Seigneur, et ce titre convient surtout à l'empire qu'il possède au ciel. Le verset 12 affirme cette domination universelle et absolue d'une manière plus explicite : « Il n'y a aucune différence entre le Juif et le Grec, puisqu'ils ont tous le même Seigneur, qui est riche pour tous ceux qui l'invoquent » (2). Ainsi Jésus est le Seigneur du genre humain tout entier et il distribue, du haut du ciel, ses dons à ceux qui l'invoquent. La première Epître aux Corinthiens fournit surtout une attestation : xii, 3. « Personne ne peut dire que Jésus est le Seigneur, si ce n'est dans l'Esprit-Saint » (3). Il est clair qu'il s'agit dans ce texte du Seigneur du ciel. La seconde Epître aux Corinthiens s'exprime ainsi, v, 6, 8 : « Nous sommes toujours pleins de confiance et nous savons qu'en demeurant dans le corps, nous demeurons loin du Seigneur (4) ; — nous sommes pleins de confiance et nous aimons mieux quitter ce corps et demeurer auprès du Seigneur » (5). La présence du corps est

---

(1) Ὅτι ἐὰν ὁμολογήσῃς ἐν τῷ στόματί σου κύριον Ἰησοῦν, κ. τ. λ.

(2) ... ὁ γὰρ αὐτὸς κύριος πάντων, κ. τ. λ.

(3) οὐδεὶς δύναται εἰπεῖν κύριον Ἰησοῦν εἰ μὴ ἐν πνεύματι ἁγίῳ.

(4) ... εἰδότες ὅτι ἐνδημοῦντες ἐν τῷ σώματι ἐκδημοῦμεν ἀπὸ τοῦ κυρίου.

(5) ... εὐδοκοῦμεν μᾶλλον ἐκδημῆσαι ἐκ τοῦ σώματος καὶ ἐνδημῆσαι πρὸς τὸν κύριον.

un obstacle à notre réunion avec le Seigneur du ciel ; l'abandon du corps par la mort conditionne notre séjour auprès de ce Seigneur. L'Epître aux Philippiens célèbre, ii, 9-11, en termes éclatants, cette domination de Jésus comme une récompense de son humilité et de son obéissance : « C'est pourquoi Dieu l'a souverainement élevé et lui a donné le nom qui est au-dessus de tout nom, afin qu'au nom de Jésus, tout genou fléchisse dans les cieux, sur la terre et sous la terre, et que toute langue confesse que Jésus-Christ est Seigneur, à la gloire de Dieu le Père » (1).

Ces affirmations claires et précises ne laissent subsiter aucun doute sur la pensée de Paul. Jésus

---

(1) Dans l'intérêt de la critique, une remarque s'impose, quoique ce point soit secondaire dans notre étude. Dans les Epîtres pauliniennes le titre : κύριος est assez élastique. S'applique-t-il à Dieu ou au Christ. Quelques auteurs ont prétendu que, à l'exception des citations de l'Ancien Testament (Rom., iv, 8 ; ix, 28-29 ; xi, 34 ; 1ª Cor., i, 31 ; ii, 26 ; iii, 20 ; x, 26 ; 2ª Cor., vi, 17-18 ; x, 17 ; 2ª Tim., ii, 19), le titre κύριος désigne partout le Christ. Cette règle n'est pas admissible, car il est des cas où l'interprétation est douteuse, par exemple : 2ª Cor., viii, 21 ; 1ª Thess., iv, 6 ; 2ª Thess., iii, 16. Les passages suivants : Rom., xiv, 6, 8, 11 ; 1ª Cor., iii, 5 ; iv, 4 ; vii, 17 ; xvi, 7 ; 2ª Cor., v, 11 ; Ephes., v, 10 ; vi, 1 ; Philip., iii, 1 ; Col., iii, 22 ; iv, 1 ; 1ª Thess., i, 8 ; iii, 12 ; iv, 6 ; 2ª Thess., iii, 5, sont indéterminés et paraissent s'appliquer aussi bien à Dieu qu'au Christ. Cf. sur ce sujet : GABLER, *Kleinere Theol. Schriften* t. i, p. 186 et suiv. ; WINER, *De sensu vocum κύριος et ὁ κύριος in actis et epistolis apostolorum*, Erlangen, 1828 ; A. SEEBERG, *Die Anbetung des « Herrn » bei Paulus*, Riga, 1891, p. 3 et suiv.

règne en souverain au ciel, et comme tel on doit l'adorer et l'invoquer (1).

B. — *La divinité de Jésus-Christ.*

Jésus-Christ n'est le Seigneur du ciel que parce qu'il est Dieu. C'est aussi parce qu'il est Dieu que nous lui adressons des prières. Il est donc indispensable de dire quelques mots sur ce sujet. Nous n'entendons pas analyser dans les détails la preuve de la divinité de Jésus-Christ, telle qu'elle se trouve dans les écrits de Paul, car ce travail demanderait une étude spéciale. Nous nous bornerons à examiner rapidement les principales idées qui sont comme la base de cette démonstration, en suivant l'ordre même des écrits.

1° *Jésus-Christ est Fils de Dieu.* — Paul affirme bien des fois cette vérité : Rom. v, 10, nous avons été réconciliés à Dieu par la mort de son Fils (διὰ τοῦ θανάτου τοῦ υἱοῦ αὐτοῦ). Ce verset et le précédent contiennent une autre idée : nous sommes justifiés, sauvés et réconciliés par Jésus-Christ ; or la justification et la réconciliation sont, comme la rémission des péchés, des œuvres divines. — *Ibid.* viii, 3, Dieu a envoyé son Fils dans la ressemblance de la chair de péché pour condamner le péché dans la chair (ὁ Θεὸς τὸν ἑαυτοῦ υἱὸν πέμψας ἐν ὁμοιώματι σαρκὸς ἁμαρτίας). — *Ibid.* viii, 29, Dieu a connu et prédestiné ceux qui devaient être conformes à l'image de son Fils (... συμμόρφους τῆς εἰκόνος τοῦ υἱοῦ αὐτοῦ). — Gal. i, 16, Dieu a révélé à Paul son Fils (ἀποκαλύψαι τὸν υἱὸν αὐτοῦ ἐν ἐμοί). — *Ibid.*

(1) E. F. VON DER GOLTZ, *op. cit.*, p. 97.

ɪᴠ, **4**, lorsque la plénitude des temps fut **arrivée,**
Dieu envoya son Fils (ἐξαπέστειλεν ὁ Θεὸς τὸν υἱὸν
αὐτοῦ).

2° *Jésus-Christ est Dieu.* — Rom. ɪx, 5, il est
Dieu sur toutes choses, béɴi dans les siècles (ὁ ὢν
ἐπὶ πάντων Θεός). — Tit. ɪɪ, 13, il est le grand Dieu
(μεγάλος Θεός).

3° *Dieu est le Père de Jésus-Christ.* — Rom.
ɪ, 3 et Ephes. ɪ, 3, bénissent Dieu et le Père de
Notre-Seigneur Jésus-Christ (εὐλογητὸς ὁ Θεὸς καὶ
πατὴρ τοῦ κυρίου ἡμῶν Ἰησοῦ Χριστοῦ).

4° *Jésus-Christ a la forme, c'est-à-dire l'essence
de Dieu.* — Philip. ɪɪ, 6, s'exprime ainsi : « Jésus-
Christ, existant en forme de Dieu, n'a pas regardé
comme une proie d'être semblable à Dieu (1). »

5° *Jésus-Christ est l'image de Dieu.* — Col.
ɪ, 15, il est l'image du Dieu invisible, le premier
né de toute la création (ὅς ἐστιν εἰκὼν τοῦ Θεοῦ τοῦ
ἀοράτου).

6° *Il est le principe et la fin de toutes les créa-
tures.* — Col. ɪ, 16 : En lui ont été créées toutes
les choses qui sont dans les cieux et sur la terre,
les visibles et les invisibles, trônes, dignités,
autorités. Tout a été créé par lui et pour lui (ἐν
αὐτῷ ἐκτίσθη τὰ πάντα ·... τὰ πάντα δι' αὐτοῦ καὶ εἰς αὐτὸν
ἔκτισται). En affirmant que toutes choses subsistent
en lui (τὰ πάντα ἐν αὐτῷ συνέστηκεν), le verset 17 lui attribue l'acte de la conservation.

7° *Enfin en lui habite la plénitude de la divinité.* — C'est encore l'Epître aux Colossiens qui

____

(1) ὅς ἐν μορφῇ Θεοῦ ὑπάρχων οὐχ ἁρπαγμὸν ἡγήσατο τὸ εἶναι
ἴσα Θεῷ.

énonce, ii, 9, cette proposition (ἐν αὐτῷ κατοικεῖ πᾶν τὸ πλήρωμα τῆς θεότητος).

Nous connaissons donc la raison fondamentale pour laquelle Jésus-Christ mérite notre adoration, et pour laquelle aussi Paul lui adresse des prières : c'est que Jésus est Dieu et règne éternellement au ciel, d'où il gouverne les choses de ce monde. On ne peut donc se dispenser de recourir à lui, de l'invoquer et de le glorifier.

C. — *Raison spéciale de cette prière.*

L'apôtre priera donc le Seigneur Jésus. Le fait est certain, et il serait superflu de s'y arrêter longtemps. La première Epître aux Corinthiens est adressée, i, 2, « à l'Eglise de Dieu, qui est à Corinthe, à ceux qui ont été sanctifiés en Jésus-Christ, appelés saints, et à tous ceux qui *invoquent,* en quelque lieu que ce soit, le nom de Notre-Seigneur Jésus-Christ, leur Seigneur et le nôtre » (1). Lui-même, 2ᵃ Cor. xii, 8, à prié trois fois le Seigneur d'éloigner de lui l'ange de Satan (2).

Outre la raison commune à tous les chrétiens, à savoir la divinité de Jésus-Christ, Paul avait, jusqu'à un certain point, des raisons particulières de prier le Sauveur. Tout d'abord il avait plus profondément pénétré le mystère de l'Homme-Dieu. Le passage iv, 4-6 de la seconde Epître aux Corin-

----

(1) Τῇ ἐκκλησίᾳ τοῦ Θεοῦ τῇ οὔσῃ ἐν Κορίνθῳ, ἡγιασμένοις ἐν Χριστῷ Ἰησοῦ, κλητοῖς ἁγίοις σὺν πᾶσιν τοῖς ἐπικαλουμένοις τὸ ὄνομα τοῦ κυρίου ἡμῶν Ἰησοῦ Χριστοῦ ἐν παντὶ τόπῳ, αὐτῶν τε καὶ ἡμῶν.

(2) Ὑπὲρ τούτου τρὶς τὸν κύριον παρεκάλεσα, κ. τ. λ.

thiens suffira à nous en convaincre : Dieu a aveuglé les pensées des incrédules, pour qu'ils ne vissent pas briller la splendeur de l'Evangile de la gloire du Christ, *qui est l'image de Dieu* (1). Il ne se prêche pas lui-même, mais il prêche Jésus-Christ le Seigneur, à cause duquel il est le serviteur des Corinthiens. Dieu qui a dit : « la lumière brillera du sein des ténèbres », a fait briller la lumière dans son cœur pour *faire resplendir la connaissance de la gloire de Dieu sur la face du Christ* (2). En second lieu, ses écrits attestent une notion plus claire et plus développée du rôle sotériologique de Jésus : 2ᵃ Cor. v, 14-15, 17-19, il estime que si un seul est mort pour tous, tous sont donc morts ; que le Christ est mort pour tous, afin que ceux qui vivent ne vivent plus pour eux-mêmes, mais pour celui qui est mort et ressuscité pour eux ; aussi, si quelqu'un est dans le Christ, est-il une nouvelle créature, car les choses anciennes sont passées, et toutes choses sont devenues nouvelles ; tout vient de Dieu qui nous a réconciliés avec lui par le Christ ; car Dieu réconciliait dans le Christ le monde avec lui-même, en n'imputant point aux hommes leurs offenses (3). Enfin Paul avait été favorisé de révélations parti-

(1) ... εἰς τὸ μὴ αὐγάσαι τὸν φωτισμὸν τοῦ εὐαγγελίου τῆς δόξης τοῦ Χριστοῦ, ὅς ἐστιν εἰκὼν τοῦ Θεοῦ.

(2) ... πρὸς φωτισμὸν τῆς γνώσεως τῆς δόξης τοῦ Θεοῦ ἐν προσώπῳ Ἰησοῦ Χριστοῦ.

(3) Il va sans dire que l'on pourrait multiplier les témoignages de la sotériologie pauline ; mais les limites et le caractère de ce travail nous interdisent d'aller plus loin.

culières de la part de Jésus : Gal. i, 12, l'Evangile,
qu'il annonce, il l'a reçu et appris non d'un
homme, mais par la révélation de Jésus-Christ (1).
Ibid. ii, 2, c'est par révélation qu'il se rend à
Jérusalem pour conférer avec les autres apôtres (2).
1ᵃ Thess. iv, 14-15, il annonce, dans la parole du
Seigneur, le second avènement de Jésus-Christ
et la résurrection des morts (3). Ces raisons nous
expliquent pourquoi la prière au Seigneur a pris
chez le grand apôtre un développement très
marqué.

III. — La prière dans ses rapports avec Jésus-Christ.

Il est rare que Paul ne fasse pas mention de
Jésus-Christ dans ses prières proprement dites,
ou même dans ses doxologies. Le Sauveur est
continuellement présent à sa pensée, et l'âme de
l'apôtre ne s'élève presque jamais vers Dieu sans
passer, en quelque sorte, par Jésus. Dans la plupart des cas, il associe Dieu le Père et Notre-Seigneur Jésus-Christ dans des rapports dont les
nuances ne font que mieux sentir l'importance du
procédé. Paul sait fort bien que Jésus est la
deuxième personne de la Trinité ; voilà pourquoi,
dans les mouvements de sa piété, il l'associe au
Père.

Passons en revue la variété des formules.

(1) ... ἀλλὰ δι' ἀποκαλύψεως Ἰησοῦ Χριστοῦ. Cf. aussi
Ephes., iii, 3.

(2) Ἀνέβην δὲ κατὰ ἀποκάλυψιν, κ. τ. λ.

(3) Τοῦτο γὰρ ὑμῖν λέγομεν ἐν λόγῳ κυρίου, κ. τ. λ. Pour la
trame générale des révélations, cf. 2ᵃ Cor., xii, 1-4.

A. — *Dieu*

ou *Dieu et le Père de Notre Seigneur Jésus-Christ.*

[1] Rom. xv, 6 : Afin que tous ensemble, d'une seule bouche, vous glorifiiez le Dieu et Père de Notre Seigneur Jésus-Christ (ἵνα... δοξάζητε τὸν Θεὸν καὶ πατέρα τοῦ κυρίου ἡμῶν Ἰησοῦ Χριστοῦ).

[2] 2ᵃ Cor. ɪ, 3 : Béni soit le Dieu et Père de Notre Seigneur Jésus-Christ (εὐλογητὸς ὁ Θεὸς καὶ πατὴρ τοῦ κυρίου ἡμῶν Ἰησοῦ Χριστοῦ).

[3] 2ᵃ Cor. xɪ, 31 : Le Dieu et Père de Notre Seigneur Jésus-Christ (ὁ Θεὸς καὶ πατὴρ τοῦ κυρίου ἡμῶν Ἰησοῦ Χριστοῦ).

[4] Ephes. ɪ, 3 : Béni soit le Dieu et Père de Notre Seigneur Jésus-Christ (εὐλογητὸς ὁ Θεὸς καὶ πατὴρ ἡμῶν Ἰησοῦ Χριστοῦ).

[5] Ephes. ɪ, 17 : Pour que le Dieu de Notre Seigneur Jésus-Christ (ἵνα ὁ Θεὸς τοῦ κυρίου ἡμῶν Ἰησοῦ Χριστοῦ).

[6] Ephes. ɪɪɪ, 14 : Je fléchis les genoux devant le Père de Notre Seigneur Jésus-Christ (κάμπτω τὰ γόνατά μου πρὸς τὸν πατέρα τοῦ κυρίου ἡμῶν Ἰησοῦ Χριστοῦ).

[7] Col. ɪ, 2-3 : Que la grâce et la paix de Dieu notre père et Père de Notre Seigneur Jésus-Christ soient avec vous. Nous rendons grâces à Dieu et au Père de Notre Seigneur Jésus-Christ (χάρις ὑμῖν καὶ εἰρήνη ἀπὸ Θεοῦ πατρὸς ἡμῶν καὶ κυρίου Ἰησοῦ Χριστοῦ · Εὐχαριστοῦμεν τῷ Θεῷ καὶ πατρὶ τοῦ κυρίου ἡμῶν Ἰησοῦ Χριστοῦ).

B. — De la part de Dieu le Père
et de Notre Seigneur Jésus-Christ.

[1] Rom. i, 7 : Que la grâce et la paix vous soient accordées de la part de Dieu notre Père et du Seigneur Jésus-Christ (χάρις ὑμῖν καὶ εἰρήνη ἀπὸ Θεοῦ πατρὸς ἡμῶν καὶ κυρίου Ἰησοῦ Χριστοῦ).

[2] 1ᵃ Cor. i, 3 : Que la grâce et la paix vous soient données de la part de Dieu notre Père et du Seigneur Jésus-Christ (χάρις ὑμῖν καὶ εἰρήνη ἀπὸ Θεοῦ πατρὸς ἡμῶν καὶ κυρίου Ἰησοῦ Χριστοῦ).

[3] 2ᵃ Cor. i, 2 : Que la grâce et la paix vous soient données de la part de Dieu notre père et du Seigneur Jésus-Christ (χάρις ὑμῖν καὶ εἰρήνη ἀπὸ Θεοῦ πατρὸς ἡμῶν καὶ κυρίου Ἰησοῦ Χριστοῦ).

[4] Gal. i, 3; Ephes. i, 2 ; Philip. i, 2 ; 1ᵃ Thes. i, 1; 2ᵃ Thess. i, 2, même formule.

[5] 1ᵃ Thess. i, 11 : Que Dieu notre père et Notre Seigneur Jésus-Christ, etc. (ὁ Θεὸς καὶ πατὴρ ἡμῶν καὶ ὁ κύριος ἡμῶν Ἰησοῦς Χριστός).

[6] 2ᵃ Thess. ii, 16 : Que Notre Seigneur Jésus-Christ et Dieu notre père, etc. (ὁ κύριος ἡμῶν Ἰησοῦς Χριστὸς καὶ ὁ Θεὸς καὶ πατὴρ ἡμῶν).

C. — Par Jésus-Christ (διά).

[1] Rom. i, 8 : Je rends grâces à mon Dieu par Jésus-Christ (εὐχαριστῶ τῷ Θεῷ μου διὰ Ἰησοῦ Χριστοῦ).

[2] Rom. v, 1 : Nous avons la paix avec Dieu par Notre Seigneur Jésus-Christ (εἰρήνην ἔχομεν πρὸς τὸν Θεὸν διὰ τοῦ κυρίου ἡμῶν Ἰησοῦ Χριστοῦ).

[3] Rom. vii, 25 : Je rends grâces à Dieu par Jésus-Christ Notre Seigneur (εὐχαριστῶ τῷ Θεῷ διὰ Ἰησοῦ Χριστοῦ τοῦ κυρίου ἡμῶν).

[4] Rom. xvi, 27 : A Dieu seul sage, par Jésus-Christ (μόνῳ σοφῷ Θεῷ, διὰ Ἰησοῦ Χριστοῦ).

[5] Ephes. ii, 18 : Par lui nous avons accès auprès du Père (δι' αὐτοῦ ἔχομεν τὴν προσαγωγὴν... πρὸς τὸν πατέρα).

[6] Col. iii, 17 : Rendez grâces à Dieu et au Père par Jésus-Christ (εὐχαριστοῦντες τῷ Θεῷ καὶ πατρὶ δι' αὐτοῦ). Cf. aussi Rom. xv, 30 ; 2ª Cor. iii, 4.

D. — *En Jésus-Christ* (ἐν).

[1] Rom. xv, 17 : J'ai sujet de me glorifier en Jésus-Christ pour ce qui regarde les choses de Dieu (ἔχω οὖν καύχησιν ἐν Χριστῷ Ἰησοῦ τὰ πρὸς Θεόν).

[2] 2ª Cor. ii, 14 : Grâce soit à Dieu qui nous fait toujours triompher dans le Christ (τῷ δὲ Θεῷ χάρις, τῷ πάντοτε θριαμβεύοντι ἡμᾶς ἐν τῷ Χριστῷ).

[3] Ephes. iii, 21 : A lui la gloire dans l'Eglise et dans le Christ Jésus (αὐτῷ ἡ δόξα ἐν τῇ ἐκκλησίᾳ καὶ ἐν Χριστῷ Ἰησοῦ).

[4] Philip. iv, 7 : La paix de Dieu gardera vos cœurs et vos pensées dans le Christ Jésus (ἡ εἰρήνη τοῦ Θεοῦ... φρουρήσει τὰς καρδίας ὑμῶν καὶ τὰ νοήματα ὑμῶν ἐν Χριστῷ Ἰησοῦ).

[5] 1ª Thess. v, 18 : Rendez grâces en tout, car c'est la volonté de Dieu à votre égard en Jésus-Christ (τοῦτο γὰρ θέλημα Θεοῦ ἐν Χριστῷ Ἰησοῦ).

E. — *Au nom de Jésus-Christ* (ἐν τῷ ὀνόματι).

[1] Ephes. v, 20 : Rendant continuellement grâces pour toutes choses à Dieu le Père, au nom de Notre-Seigneur Jésus-Christ (εὐχαριστοῦντες πάντοτε

ὑπὲρ πάντων ἐν ὀνόματι τοῦ κυρίου ἡμῶν Ἰησοῦ Χριστοῦ τῷ Θεῷ καὶ πατρί).

[2] Col. iii, 17 : Faites tout au nom du Seigneur Jésus, en rendant grâces par lui à Dieu le Père (εὐχαριστοῦντες τῷ Θεῷ πατρὶ δι᾽ αὐτοῦ). Nous avons déjà cité Philip. ii, 10.

F. — *Autres combinaisons.*

[1] 1ᵃ Cor. xv, 57 : Grâces soient rendues à Dieu, qui nous a donné la victoire par Notre Seigneur Jésus-Christ (Τῷ δὲ Θεῷ χάρις, τῷ διδόντι ἡμῖν τὸ νῖκος διὰ τοῦ κυρίου ἡμῶν Ἰησοῦ Χριστοῦ).

[2] Col. i, 13 : Qui nous a délivrés de la puissance des ténèbres et nous a transportés dans le royaume du Fils de son amour (... καὶ μετέστησεν εἰς τὴν βασιλείαν τοῦ υἱοῦ τῆς ἀγάπης αὐτοῦ).

[3] 1ᵃ Thess. i, 3 : Nous rappelant sans cesse l'œuvre de votre foi, le travail de votre charité et la fermeté de votre espérance en Notre Seigneur Jésus-Christ devant Dieu notre Père (μνημονεύοντες... τῆς ὑπομονῆς τῆς ἐλπίδος τοῦ κυρίου ἡμῶν Ἰησοῦ Χριστοῦ ἔμπροσθεν τοῦ Θεοῦ καὶ πατρὸς ἡμῶν). Rattacher au verset 2.

[4] 2ᵃ Thess. i, 11-12 : Nous prions toujours pour vous, afin que notre Dieu vous rende dignes de la vocation... pour que le nom de Notre-Seigneur Jésus-Christ soit glorifié en vous et que vous soyez glorifiés en lui, selon la grâce de notre Dieu et du Seigneur Jésus-Christ (προσευχόμενοι πάντοτε περὶ ὑμῶν... ὅπως ἐνδοξασθῇ τὸ ὄνομα τοῦ κυρίου ἡμῶν Ἰησοῦ Χριστοῦ ἐν ὑμῖν, καὶ ὑμεῖς ἐν αὐτῷ, κ. τ. λ.)

[5] 2ᵃ Thess. ii, 14 : C'est à quoi il vous a appelés par notre Evangile, pour que vous possédiez la

gloire de Notre-Seigneur Jésus-Christ (... εἰς περι-
ποίησιν δόξης τοῦ κυρίου ἡμῶν Ἰησοῦ Χριστοῦ).

[6] Phil., 4-5 : Je rends continuellement grâces
à Dieu, faisant mémoire de toi dans mes prières,
parce que je suis informé de la foi que tu as au
Seigneur Jésus et de ta charité pour tous les saints
(... μνείαν σου ποιούμενος ἐπὶ τῶν προσευχῶν μου, ἀκούων σου
ἀγάπην καὶ τὴν πίστιν, ἣν ἔχεις πρὸς τὸν κύριον Ἰησοῦν, κ. τ. λ.)

CHAPITRE III

Les souvenirs de la prière de Jésus
dans saint Paul.

On est parfois étonné que Paul n'utilise presque
jamais les enseignements de Jésus. L'apôtre est
tout à fait original et personnel dans l'exposition
de la doctrine chrétienne. La parole directe du
divin Maître paraît n'avoir aucune place dans ses
écrits. Paul avait-il reçu, par écrit ou par tradition orale, et a-t-il consigné dans ses Epîtres
quelques paroles de Jésus ? Nous allons essayer
de répondre à cette question.

Il est certain que Paul se réclame quelquefois
les enseignements et des dispositions du Sauveur : 1ª Cor. vii, 10, à ceux qui sont mariés, il
ordonne, non lui, mais le Seigneur, que la femme
ne se sépare point de son mari (1). *Ibid.* ix, 14, il

(1) Cf. Mt. v, 32 ; xix, 9 ; Mc. x, 11 ; Lc. xvi, 18.

rappelle que le Seigneur a ordonné à ceux qui annoncent l'Evangile de vivre de l'Evangile (1). *Ibid.* xi, 23, il a reçu du Seigneur ce qu'il a transmis aux Corinthiens (2). La critique pourra se demander par quelle voie Paul avait reçu ces données. Le fait en lui-même ne laisse aucune place au doute.

La critique littéraire permet même de poser un jalon sûr : L'exclamation : *Abba!* Père! de Rom. viii, 15 ; Gal. iv, 6, est une répétition des paroles de Jésus, Mc. xiv, 36. Qu'il y ait dépendance mutuelle entre Marc et Paul ou que tous deux dépendent d'une source commune, la chose ne tire pas à conséquence. Le *logion* de Jésus est consigné et rapporté tout ensemble et par Marc et par Paul.

Peut-on aller plus loin ? Chase l'a prétendu (3). Il a cru reconnaître des paroles de Jésus dans certains passages des Epîtres pauliniennes. Cette tentative mérite qu'on s'y arrête un peu. Voici les exemples donnés par Chase.

1ᵃ Cor. x, 13 et 1ᵃ Tim. vi, 9 parlent de tentation (πειρασμός). Or cette expression se trouve dans la bouche de Jésus, Mt. vi, 13 ; xxvi, 41 ; Mc. xiv, 38 ; Lc. xi, 4 ; xxii, 40, 46. — Gal. i, 4, Jésus-Christ s'est livré pour nous « pour nous arracher du présent siècle mauvais (ὅπως ἐξέληται ἡμᾶς ἐκ τοῦ ἐνεστῶτος αἰῶνος πονηροῦ). Or l'épithète πονηρός appliquée à différentes choses revient assez souvent dans la

(1) Il s'agit probablement ici d'un *agraphon*.
(2) Il s'agit du récit de l'institution de l'Eucharistie.
(3) *The Lord's prayer in the early Church*, p. 36 et suiv.

bouche de Jésus, comme on peut s'en convaincre par une concordance des Synoptiques. — On lit dans 1ᵃ Thess. ɪᴠ, 8 : « Celui qui rejette [ces préceptes], rejette non un homme mais Dieu, qui vous a aussi donné son Saint-Esprit » (... ἀλλὰ τὸν Θεὸν, τὸν καὶ δόντα τό πνεῦμα αὐτοῦ τὸ ἅγιον εἰς ὑμᾶς). Or la deuxième demande de l'Oraison dominicale du manuscrit 604 [= 700 Gregory], éd. Hoskier (1890), ad Lc. xɪ, 2, au lieu de : « que votre règne arrive », porte cette leçon : « que ton Saint-Esprit vienne sur nous et nous purifie (ἐλθέτω τὸ ἅγιον πνεῦμά σου ἐφ' ἡμᾶς καὶ καθαρισάτω ἡμᾶς) (1). — 2ᵃ Thes. ɪɪɪ, 2, demande d'être délivré des hommes méchants et pervers (... ἀπὸ τῶν ἀτόπων καὶ πονηρῶν ἀνθρώπων). Or Jésus parle de la génération perverse (γενεὰ πονηρά), Mt. xɪɪ, 39, 45 ; xᴠɪ, 4 ; Lc. xɪ, 29 ; des méchants et des bons (πονηροὶ καὶ ἀγαθοί), Mt. ᴠ, 45 ; xxɪɪ, 10 ; des méchants (πονηροί) par opposition aux justes, Mt. xɪɪɪ, 49 ; des ingrats et des méchants (ἀχάριστοι καὶ πονηροί), Lc. ᴠɪ, 35 ; et — chose à noter — du méchant homme (ὁ πονηρὸς ἄνθρωπος), Mt. xɪɪ, 35 ; Lc. ᴠɪ, 45. — 2ᵃ Thess. ɪɪɪ, 3, Dieu préserve du malin (φυλάξει ἀπὸ τοῦ πονηροῦ). Or Jésus termine l'Oraison dominicale par cette demande : « délivre-nous du malin » (ῥῦσαι ἡμᾶς ἀπὸ τοῦ πονηροῦ), Mt. ᴠɪ, 13 ; d'autre part le terme ὁ πονηρός pour désigner

(1) L'édition critique de Wᴇsᴛᴄᴏᴛᴛ-Hᴏʀᴛ range cette variante dans le groupe des leçons qu'elle rejette, bien qu'elles méritent d'être notées. — Cf. saint Grégoire de Nysse : *In orat.*, ɪɪɪ, 738 ; saint Maxime le Confesseur, *Orat. dom. expos.*, ɪ, 350 ; *Acta Thomæ* (éd. Bonnet) cap. 27 ; *Liturgy of Constantinople* (éd. Hammond, p. 90 ; éd. Swainson, p. 109).

le diable est familier à Jésus, Mt. v, 37 ; xiii, 19, 38.

Ces rapprochements ont quelque chose de spé-
cieux, mais ils ne sont ni assez précis, ni assez
clairs pour qu'on doive les expliquer par une
infiltration immédiate des paroles de Jésus dans
les écrits de saint Paul. Ces idées et cette termi-
nologie étaient courantes aux époques néo-testa-
mentaire et apostolique. Paul a pu les emprunter
au milieu ambiant. En tout cas, au point de vue
critique, elles ne suffisent pas à prouver, toutes
seules et indépendamment de toute autre raison,
la dépendance littéraire de l'apôtre par rapport
au Sauveur.

CHAPITRE IV

La forme des prières de saint Paul.

Nous savons par des témoignages historiques
que saint Paul a observé la pratique de la prière
ou s'y est soumis. Les Actes des Apôtres sont le
principal répertoire de ces attestations. ix, 11, le
Seigneur ordonne à Ananie d'aller chercher, dans
la maison de Judas, Saul de Tarse ; car il prie (1).
xiii, 3, on jeûne, on prie et l'on impose les mains
à Barnabas et à Saul (2). xiv, 23, Barnabas et Paul
ordonnent des presbytres en priant et en jeû-
nant (3). xx, 36, après avoir terminé son discours

(1) ἰδοὺ γὰρ προσεύχεται.
(2) καὶ προσευξάμενοι.
(3) προσευξάμενοι μετὰ νηστειῶν.

aux presbytres d'Ephèse, Paul s'agenouille et prie avec eux (1). XXI, 5, Paul et son compagnon de voyage se mettent à genoux sur le rivage de la mer et prient (2). XXII, 17, Paul prie dans le temple de Jérusalem, est ravi en extase et voit le Seigneur. XXVIII, 8, il prie avant de guérir le père de Publius. XXVIII, 15, en voyant les frères qui étaient venus de Rome à sa rencontre jusqu'au Forum d'Appius et aux Trois Tavernes, il rend grâces à Dieu. Si Paul s'est adonné à cette pratique, il ne nous a cependant légué aucune formule de prière, analogue à l'Oraison dominicale. La critique doit dès lors se borner à recueillir et à grouper les éléments euchologiques de diverse sorte contenus dans les Epîtres pauliniennes. La systématisation des matériaux est la meilleure des expositions.

I. — Les prières quotidiennes (3).

1° *Formules générales.* — *a)* Dans nos ou mes prières (ἐπὶ τῶν προσευχῶν ἡμῶν ou μου) Rom. I, 10 ; Ephes. I, 16 ; 1ᵃ Thess. I, 2 ; Phil. 4. — *b)* Dans toutes mes prières (ἐν πάσῃ δεήσει), Philip. I, 4. — *c)* Dans les prières (ἐν ταῖς προσευχαῖς), Col. IV, 12. — *d)* Avec l'adverbe *continuellement* (ἀδιαλείπτως), Rom. I, 9 ; 1ᵃ Thess. I, 2 ; II, 13 ; v, 17. — *e)* Avec l'adverbe *toujours* (πάντοτε), Rom. I, 10 ; 1ᵃ Cor. I, 4 ; Ephes. v, 20 ; Philip. I, 4 ; Col. I, 3 ; 1ᵃ Thess. I, 2 ; 2ᵃ Thess. I, 3, 11 ; II, 13.

(1) ... θεὶς τὰ γόνατα αὐτοῦ σὺν πᾶσιν αὐτοῖς προσηύξατο.

(2) ... θέντες τὰ γόνατα ἐπὶ τὸν αἰγιαλὸν προσηυξάμεθα.

(3) L'ordre suivi par Von der Goltz est exact dans son ensemble.

2° *Prières de la nuit et du jour.* — 1ᵃ Thess. ɪɪɪ, 10 : Nuit et jour nous prions avec une extrême ardeur (νυκτὸς καὶ ἡμέρας ὑπερεκπερισσου δεόμενοι). Faire des prières à certaines heures du jour et de la nuit, c'était un usage juif (1). Cet usage passa dans l'Eglise chrétienne (2).

3° *Prières d'action de grâces accompagnant les repas.* — Il rendit grâces à Dieu (εὐχαρίστησεν τῷ Θεῷ), Act. xxvɪɪ, 35. Cf. aussi Rom. xɪv, 6.

4° *Prières pendant la veille de la nuit.* — Cette prière paraît être attestée, 2ᵃ Cor. vɪ, 5 ; xɪ, 27 ; Ephes. vɪ, 18 ; Col. ɪv, 2 (Cf. aussi 1ᵃ Cor. vɪɪ, 5).

II. — Prières de louanges.

Les Juifs commençaient souvent leurs prières de louanges par cette formule : *Bârûk âthâh ieiâ (sois béni, ô Iahveh,* εὐλογητὸς ὁ Θεός) (3). Cette formule se trouve dans le Psaume cxLɪɪɪ (Lxx), 1, (εὐλογητὸς κύριος ὁ Θεός μου), et dans le Psaume de Salomon, ɪɪ, 41. Or Paul emploie cette formule, Rom. ɪ, 25 ; ɪx, 5 ; 2ᵃ Cor. ɪ, 3 ; xɪ, 31 ; Ephes. ɪ, 3.

Sous le titre : *prières de louanges,* nous groupons certaines formules où saint Paul attribue à Dieu ou à Notre-Seigneur des titres et des prérogatives divers.

[1] Rom. ɪ, 23 : « Dieu incorruptible. »

(1) Cf. Josèphe, *Ant. jud.,* ɪv, 8¹³ : on priait 2 fois par jour (δὶς ἑκάστης ἡμέρας) ; E. Schurer, *Geschichte des jüd. Volks,* ɪɪ², 383, note 158.

(2) D'après la *Didaché,* vɪɪɪ, 3, on récitait 3 fois l'Oraison dominicale (τρὶς τῆς ἡμέρας οὕτω προσεύχεσθε).

(3) Cf. Dalman, *Worte Jesu,* appendice n° 6, n° 7 (conclusion) ; Vitringa, *De synagoga,* p. 1054 et suiv.

[2] Rom. i, 25 : « Dieu, créateur qui est béni dans les siècles. » (Cf. aussi Ephes. iii, 9.)

[3] Rom. iv, 17 : Dieu, qui vivifie les morts et qui appelle les choses qui ne sont pas, comme celles qui sont. » (Cf. aussi 2ª Cor. i, 9 ; Col. ii, 12.)

[4] Rom. ix, 16 : « Dieu miséricordieux. » (Cf. aussi Ephes. ii, 4.)

[5] Rom. xv, 5 : « Dieu de patience et de consolation ». (Cf. 2ª Cor. i, 3) ; verset 13 : « Dieu d'espérance » ; verset 33 : « Dieu de paix. » (Cf. aussi xvi, 20 ; 2ª Cor. xiii, 11 ; Philip. iv, 9 ; 1ª Thess. v, 23 ; 2ª Thess. iii, 13.)

[6] Rom. xvi, 27 : « Dieu seul sage. »

[7] 1ª Cor. xv, 57 : « Grâces soient rendues à Dieu, qui nous donne la victoire. » (Cf. 2ª Cor. ii, 14 ; et viii, 16, remplace « victoire » par « sollicitude ».)

[8] Gal. ii, 20 : « Le Fils de Dieu, qui m'a aimé et s'est livré pour moi. »

[9] Gal. iii, 5 : « qui vous donne l'Esprit et opère en vous des miracles. »

[10] Ephes. i, 3 : « Dieu et le Père de Notre Seigneur Jésus-Christ, qui vous a bénis de toutes sortes de bénédictions spirituelles » ; verset 17 : « Père de gloire. » (Cf. 1ª Cor. ii, 8.)

[11] Ephes. iv, 6 : « Un seul Dieu, Père de tous, qui est au-dessus de tous et par tous et en tous. »

[12] Col. i, 15 : « Dieu invisible. »

[13] 1ª Thess. i, 9 : « Dieu vivant et vrai. »

[14] 2ª Thess. ii, 16 : « Dieu, notre Père qui nous a aimés et nous a donné par sa grâce une consolation éternelle et une bonne espérance. »

III. — ACTIONS DE GRACES.

Les prières d'actions de grâces se divisent en deux classes : les unes sont personnelles, dans ce sens qu'elles emploient un verbe déterminé ; les autres sont impersonnelles, parce qu'elles s'expriment par un terme abstrait.

1° *Prières personnelles* (εὐχαριστῶ, εὐχαριστοῦμεν).

[1] Rom. i, 8 : « Je rends d'abord grâces à mon Dieu par Jésus-Christ, au sujet de vous tous, de ce que votre foi est renommée dans le monde entier. »

[2] 1ª Cor. i, 4 : « Je rends toujours grâces à Dieu à votre sujet pour la grâce de Dieu qui vous a été donnée en Jésus-Christ. »

[3] 1ª Cor. x, 30 : « Pourquoi suis-je calomnié, au sujet d'une chose dont je rends grâces ? »

[4] 2ª Cor. i, 11 : « Afin que la grâce obtenue pour nous par plusieurs soit pour plusieurs une occasion de rendre grâces à notre sujet. »

[5] Ephes. i, 15 : « Ayant entendu parler de votre foi au Seigneur Jésus et de votre charité pour tous les saints, je ne cesse de rendre grâces. »

[6] Ephes. v, 20 : « Rendant toujours grâces pour toutes choses à Dieu le Père, au nom de Notre Seigneur Jésus-Christ. »

[7] Philip. i, 3 : « Je rends grâces à mon Dieu de tout le souvenir que je garde de vous. »

[8] Col. i, 3 : « Nous rendons grâces à Dieu, le Père de Notre Seigneur Jésus-Christ, priant toujours pour vous. »

[9] Col. i, 12 : « Rendant grâces au Père qui nous a rendus capables d'avoir part à l'héritage des saints dans la lumière. »

[10] Col. iii, 15 : « Et soyez reconnaissants. »

[11] Col. iii, 17 : « Et quoi que vous fassiez, en parole ou en œuvre, faites tout au nom du Seigneur Jésus, en rendant par lui des actions de grâces à Dieu le Père. »

[12] 1a Thess. i, 2 : « Nous rendons toujours grâces à Dieu pour vous tous, faisant mémoire de vous dans nos prières. »

[13] 1a Thess. ii, 13 : « C'est pourquoi nous rendons continuellement grâces à Dieu de ce qu'en recevant la parole de Dieu, que nous vous avons fait entendre, vous l'avez reçue, non comme la parole des hommes, mais comme la parole de Dieu, ainsi qu'elle l'est véritablement. »

[14] 1a Thess. v, 18 : « Rendez grâces en toutes choses, car c'est la volonté de Dieu à votre égard, en Jésus-Christ. »

[15] 2a Thess. i, 3 : « Nous devons, à votre sujet, frères, rendre toujours grâces à Dieu, comme cela est juste. »

[16] 2a Thess. ii, 13 : « Pour nous, frères bien-aimés du Seigneur, nous devons à votre sujet rendre toujours grâces à Dieu. »

[17] Phil. 4 : « Je rends toujours grâces à mon Dieu, faisant mention de toi dans toutes mes prières. » — (Cf. aussi 1a Cor. i, 14 ; xiv, 18.)

2º *Prières impersonnelles* (χάρις, εὐχαριστία).

[1] Rom. vii, 7 : « Grâces soient rendues à Dieu par Jésus-Christ Notre-Seigneur. »

[2] 1a Cor. xv, 57 : « Grâces soient rendues à Dieu qui nous a accordé la victoire par Notre Seigneur Jésus-Christ. »

[3] 2a Cor. ii, 14 : « Grâces soient rendues à Dieu

qui nous fait toujours triompher dans le Christ. »

[4] 2ª Cor. iv, 15 : « Toutes ces choses ont lieu pour vous, afin que la grâce, en se multipliant, fasse abonder, à la gloire de Dieu, les actions de grâces d'un plus grand nombre. »

[5] 2ª Cor. viii, 16 : « Grâces soient rendues à Dieu, qui a donné au cœur de Tite la même sollicitude pour vous. »

[6] 2ª Cor. ix, 11-12 : « Qui fera offrir à Dieu, par notre moyen, des actions de grâces, car le secours de cette assistance... est une source abondante de nombreuses actions de grâces envers Dieu. »

[7] 2ª Cor. ix, 15 : « Grâces soient rendues à Dieu pour son don ineffable. »

[8] Ephes. v, 4 : « ... qu'on entende plutôt des actions de grâces. »

[9] Philip. iv, 6 : « Que nos besoins soient connus de Dieu avec des actions de grâces. »

[10] Col. ii, 7 : « Abondant en actions de grâces. »

[11] Col. iv, 2 : « Persévérez dans la prière, veillez-y avec actions de grâces. »

[12] 1ª Thess. iii, 9 : « Quelles actions de grâces pouvons-nous rendre à Dieu pour vous, pour toute la joie que nous éprouvons à cause de vous devant notre Dieu ? » — (Cf. aussi Rom. vi, 17.)

CHAPITRE V

L'objet des prières de saint Paul.

Non seulement les prières de saint Paul peuvent se ramener à quelques groupes, qui sont comme des types de classification, mais elles ont aussi un objet. Lorsque le grand Apôtre prie, il demande quelque chose, quelque faveur. Nous allons déterminer les principaux objets de ses prières, en suivant l'ordre de ses Epîtres.

[1] *Désir de voir ses lecteurs,* Rom. i, 10 « ... demandant continuellement dans mes prières d'avoir enfin le bonheur d'aller vous voir. » (Cf. 1ª Cor. xvi, 7 ; 1ª Thess. iii, 10.)

[2] Le *salut,* Rom. x, 1 : « Le vœu de mon cœur et ma prière à Dieu pour eux, c'est qu'ils soient sauvés. » (Cf. Philip. i, 19.)

[3] Le *secours des prières,* Rom. xv, 30 : « Je vous exhorte, frères, par Notre Seigneur Jésus-Christ et par l'amour de l'Esprit, à combattre avec moi, en adressant à Dieu des prières en ma faveur. » (Cf. 2ª Cor. i, 11.)

[4] *Pour être délivré de la tentation,* 2ª Cor. xii, 8 : « C'est pourquoi j'ai prié trois fois le Seigneur pour qu'il éloigne de moi l'ange de Satan. »

[5] *Four ne pas faire le mal,* 2ª Cor. xiii, 7 : « Nous prions Dieu pour que vous ne fassiez rien de mal... afin que vous pratiquiez ce qui est bien. »

[6] L'*Esprit de sagesse,* Ephes. i, 17 : « ... pour que le Dieu de Notre Seigneur Jésus-Christ, le Père de la gloire, vous donne l'Esprit de sagesse et de révélation, dans sa connaissance. »

[7] *La force,* Ephes. iii, 16 : « ... afin qu'il vous donne, selon la richesse de sa gloire, d'être puissamment fortifiés par son Esprit dans l'homme intérieur. »

[8] *Le don de prédication,* Ephes. vi, 19 : « Priez pour moi afin qu'il me soit donné de faire con-

naître ouvertement et librement le mystère de l'Evangile. » (Cf. Col. iv, 3.)

[9] *L'augmentation de la charité*, Philip. i, 9 : « Et je demande dans mes prières que votre amour augmente de plus en plus en connaissance et en pleine intelligence. »

[10] *Connaissance de la volonté de Dieu*, Col. i, 9 : « Nous ne cessons de prier Dieu pour vous et de demander que vous soyez remplis de la connaissance de sa volonté en toute sagesse et en toute intelligence spirituelle. »

[11] *La persévérance*, Col. iv, 12 : « Il ne cesse de combattre pour vous dans ses prières, afin que vous persistiez parfaits et pleinement persuadés en toute volonté de Dieu. »

[12] *La vocation*, 2ª Thess. i, 1 : Nous prions toujours pour vous, afin que notre Dieu vous rende dignes de la vocation et qu'il accomplisse par sa puissance tous les desseins bienveillants de sa bonté et l'œuvre de la foi. »

[13] *Succès de la parole de Dieu*, 2ª Thess. iii, 1-2 : « Au reste, frères, priez pour nous, afin que la parole du Seigneur se répande et soit glorifiée comme elle l'est chez vous, et afin que nous soyons délivrés des hommes méchants et pervers. »

[14] *Visite*, Phil., 22 : « J'espère vous être rendu, grâce à vos prières. »

CHAPITRE VI

Les vœux et les souhaits de saint Paul.

Aujourd'hui, par une longue et persévérante habitude, nous donnons à nos vœux un caractère et une expression à peu près profanes. On élimine de plus en plus le point de vue religieux pour ne laisser place qu'à des considérations humaines. Il n'en était pas ainsi dans les premiers siècles. Tout vœu était une prière et tout souhait portait sur des biens spirituels et surnaturels. Voilà pourquoi, en étudiant les manifestations de la piété de Paul, on ne saurait séparer les vœux de la prière proprement dite. C'est la raison d'être de ce chapitre. Des vœux de Paul, les uns ont, si l'on peut s'exprimer ainsi, un caractère nettement chrétien, dans ce sens qu'ils sont une formule religieuse ; les autres ont un caractère plus général, dans ce sens qu'ils dépassent le cadre de la pensée et des formules chrétiennes.

I. — Vœux nettement religieux

Il faut d'abord enregistrer le vœu qui forme l'inscription de presque toutes les Epîtres pauliniennes : « Que la grâce et la paix vous soient données » (Χάρις ὑμῖν καὶ εἰρήνη), Rom. ɪ, 7 ; 1ᵃ Cor. ɪ, 3 ; 2ᵃ Cor. ɪ, 2 ; Gal. ɪ, 3 ; Ephes. ɪ, 2 ; Philip. ɪ, 2 ; 1ᵃ Thess. ɪ, 2 ; 2ᵃ Thess. ɪ, 2 ; Tit. ɪ, 4 ; Phil. 3. La phrase qui suit, et qui indique l'auteur de la grâce et de la paix, est, à quelques détails près, partout identique : « de la part de Dieu notre père et de Notre Seigneur Jésus-Christ » (ἀπὸ Θεοῦ πατρὸς ἡμῶν καὶ κυρίου Ἰησοῦ Χριστοῦ). Cette insistance à unir le Père et Notre-Seigneur au commencement de ses lettres, c'est-à-dire au moment même où Paul prend contact avec ses lecteurs est, à elle seule, une preuve irréfragable de la divinité de Jésus et de la croyance de l'Apôtre à ce dogme.

Ce souhait, qui n'est en définitive qu'un salut introducteur, dérive vraisemblablement de l'Ancien Testament. L'expression : *shâlôm l-kâ,* « paix à toi », revient bien des fois dans l'Ancien Testament : Jud. VI, 23 ; XIX, 20 ; Tob. XII, 17 ; I Chron., XII, 18. Les Septante traduisent toujours par : εἰρήνη σοι (1).

Les conclusions sont aussi des souhaits de ce genre. On peut les ramener à cinq types.

1° La grâce de Notre-Seigneur Jésus-Christ soit avec vous (ἡ χάρις τοῦ κυρίου ἡμῶν Ἰησοῦ Χριστοῦ μεθ' ὑμῶν), Rom. XVI, 20 ; 1ᵃ Cor. XVI, 23 ; 1ᵃ Thess. V, 28 ; 2ᵃ Thess. III, 18.

2° La grâce du Seigneur Jésus-Christ et la charité de Dieu et la communication du Saint-Esprit soient avec vous tous (ἡ χάρις τοῦ κυρίου Ἰησοῦ Χριστοῦ καὶ ἡ ἀγάπη τοῦ Θεοῦ καὶ ἡ κοινωνία τοῦ ἁγίου πνεύματος μετὰ πάντων ὑμῶν), 2ᵃ Cor. XIII, 13.

3° Que la grâce soit avec tous ceux qui aiment Notre Seigneur Jésus-Christ d'un amour inaltérable (ἡ χάρις μετὰ πάντων τῶν ἀγαπώντων τὸν κύριον ἡμῶν Ἰησοῦν Χριστὸν ἐν ἀφθαρσίᾳ), Ephes. VI, 24.

(1) Ils traduisent Gen., XLIII, 23 par : ἵλεως ὑμῖν, et Esdr., IV, 17 ; V, 7, par : χαίρειν. II Macch., I, 1, a εἰρήνη ἀγάθη, « bonne paix ».

4° Que la grâce de Notre-Seigneur Jésus-Christ soit avec votre esprit (ἡ χάρις τοῦ κυρίου ἡμῶν Ἰησοῦ Χριστοῦ μετὰ τοῦ πνεύματος ὑμῶν), Gal., vi, 18; Philip., iv, 23.

5° Que la grâce soit avec vous (ἡ χάρις μεθ' ὑμῶν), Col. iv, 18.

II. — Vœux et promesses d'un caractère plus général

Ils sont assez nombreux. Il suffit de les énumérer.

1° Que le Dieu de patience et de consolation vous donne d'avoir les mêmes sentiments les uns envers les autres selon Jésus-Christ, afin que tous ensemble, d'une seule bouche, vous glorifiiez le Dieu et Père de Notre Seigneur Jésus-Christ, Rom. xv, 5-6.

2° Que le Dieu de l'espérance vous remplisse de toute joie et de toute paix dans la foi, pour que vous abondiez en espérance, par la puissance du Saint-Esprit, Rom. xv, 13.

3° Que le Dieu de paix soit avec vous tous, Rom. xv, 33.

4° Le Dieu de paix écrasera bientôt Satan sous vos pieds, Rom. xvi, 20.

5° Il vous affermira aussi jusqu'à la fin, pour que vous soyez irréprochables au jour de Notre Seigneur Jésus-Christ, 1ᵃ Cor. i, 8.

6° Au reste, frères, soyez dans la joie, perfectionnez-vous, consolez-vous, ayez un même sentiment, vivez en paix et le Dieu d'amour et de paix sera avec vous, 2ᵃ Cor. xiii, 12.

7° Paix et miséricorde sur tous ceux qui suivront cette règle et sur Israël de Dieu, Gal. vi, 16.

8° Que la paix et la charité avec la foi soient données aux frères de la part de Dieu le Père et du Seigneur Jésus-Christ, Ephes. vi, 23.

9° Réjouissez-vous toujours dans le Seigneur ; je le répète, réjouissez-vous, Philip. iv, 4

10° Ce que vous avez appris, reçu ou entendu de moi et ce que vous avez vu en moi, pratiquez-le, et le Dieu de paix sera avec vous, Philip. iv, 9.

11° Et mon Dieu pourvoira à tous vos besoins, selon sa richesse, avec gloire en Jésus-Christ, Philip. iv, 19.

12° Que le Seigneur augmente de plus en plus parmi vous, et à l'égard de tous, cette charité que nous avons nous-mêmes pour vous, 1ª Thes. iii, 12.

13° Que le Dieu de paix vous sanctifie lui-même tout entiers, et que tout votre être : l'esprit, l'âme et le corps, soit conservé irrépréhensible, lors de l'avènement de Notre Seigneur Jésus-Christ, 1ª Thes. v, 23.

14° Que Notre Seigneur Jésus-Christ lui-même et Dieu notre Père, qui nous a aimés et qui nous a donné par sa grâce une consolation éternelle et une bonne espérance, consolent vos cœurs et vous affermissent en toute bonne œuvre et en toute bonne parole, 2ª Thes. ii, 16-17.

15° Le Seigneur est fidèle ; il vous affermira et vous préservera du malin, 2ª Thes. iii, 3.

16° Que le Seigneur dirige vos cœurs vers l'amour de Dieu et vers la patience du Christ, 2ª Thes. iii, 5.

17° Que le Seigneur de la paix vous donne lui-même la paix en tout temps, de toute manière. Que le Seigneur soit avec vous tous, 2ª Thes. ɪɪɪ, 16.

On voit donc par ces exemples que les prières de saint Paul traduisent à peu près les mêmes sentiments que nos prières actuelles. Elles présentent une grande richesse de mouvements et d'aspirations de l'âme vers Dieu.

CHAPITRE VII

Les qualités de la prière de saint Paul.

I. La prière par l'Esprit. — II. La prière réciproque. — III. La prière persévérante. — IV. Les expériences personnelles.

I. — LA PRIÈRE PAR L'ESPRIT.

Saint Paul reflète admirablement l'esprit du divin Maître et trace, dans une large mesure, la voie de la tradition chrétienne. La prière chrétienne est avant tout intérieure et spirituelle. Elle doit jaillir des profondeurs mêmes de la conscience pour monter vers Dieu comme un cri d'espérance, de confiance, de faiblesse et de détresse. Les rites extérieurs sont sans doute louables, puisque l'homme est tenu d'honorer Dieu par tout son être, mais ils doivent s'appuyer sur le principe intérieur qui meut l'âme et, tout en la mouvant, la dirige dans la voie de la piété. La prière en esprit, c'est la prière telle qu'elle est enseignée dans l'Evangile. La prière du bout des lèvres exclusivement est réprouvée par l'Evangile.

Paul connaît et enseigne cette vérité. Sous des formes diverses il promulgue cette doctrine en des termes très expressifs et surtout très imagés. Suivons-le dans ses considérations.

Un texte de l'Epître aux Romains manifeste immédiatement son intention. ɪ, 10, il demande dans ses prières, avec la plus vive instance, d'avoir, par la volonté de Dieu (1), le bonheur d'aller voir les Romains. C'est donc la volonté de Dieu qui est à la base de ses desseins et aussi de ses démarches.

On entrevoit là ce que les auteurs de la vie spirituelle appellent la « conformité à la volonté de Dieu ». C'est la première condition de toute prière sérieuse, car elle remet l'homme entre les mains de Dieu, et le dépouille, pour ainsi parler, de sa volonté propre. D'autre part, Paul annonce par ces paroles une profonde vérité philosophique. Rien n'arrive dans ce monde sans le consentement ou la permission de la volonté divine. Les événements, qui se déroulent sous le regard de l'humanité et que l'histoire enregistre, sont gouvernés par la souveraine volonté de Dieu. Aussi saint Paul recourt-il assez souvent à cette volonté de Dieu. Rom. xv, 32, il veut aller, dans la joie, auprès des Romains par la volonté de Dieu (διὰ θελήματος Θεοῦ). 1ᵃ Cor. ɪ, 1, et 2ᵃ, Cor. ɪ, 1, c'est par la volonté de Dieu (διὰ θελήματος Θεοῦ) qu'il

____

(1) ἐν τῷ θελήματι τοῦ Θεοῦ.

est appelé apôtre de Jésus-Christ (1). 2ᵃ Cor. viii,
5, les chrétiens se sont d'abord donnés au Seigneur, puis à Paul par la volonté de Dieu (διὰ
θελήματος Θεοῦ). Gal. i, 4, suivant la volonté de Dieu,
notre Père (κατὰ τὸ θέλημα τοῦ Θεοῦ καὶ πατρὸς ἡμῶν), le
Christ s'est livré pour nos péchés, pour nous dé-
livrer du présent siècle pervers. Rom. xii, 2, on
doit éprouver que la volonté de Dieu est bonne,
agréable et parfaite (2). Col. vi, 12, Epaphas prie
pour les Colossiens, pour qu'ils soient parfaits en
toute volonté de Dieu. Enfin la première Epître
aux Thessaloniciens formule iv, 3, cette belle
maxime qui est une des bases de la morale : « Ce
que Dieu veut, c'est votre sanctification (3). »

Poursuivons l'étude de l'action de l'Esprit dans
la prière. Le chapitre viiiᵉ de l'Epître aux Romains
nous fournit, 26-28, un passage très suggestif.
L'Esprit, nous dit Paul, nous aide dans notre faiblesse, car nous ne savons pas ce qu'il convient
de demander dans nos prières. Mais l'Esprit
intercède lui-même par des soupirs inexprimables; et celui qui sonde les cœurs connaît quelle
est la pensée de l'Esprit, parce que c'est selon
Dieu qu'il intercède en faveur des saints. On sait
d'ailleurs que tout concourt au bien de ceux qui
aiment Dieu, de ceux qui sont appelés selon son
dessein. Le point de départ est donc notre faiblesse. Dans l'ordre surnaturel, nous sommes
vraiment trop faibles. Nos facultés sont trop bor-

(1) Cf. aussi Ephes. i, 1 ; Col. i, 1 ; 2ᵃ Tim. i, 1.
(2) Cf. aussi Ephes. v, 17.
(3) Τοῦτο γὰρ ἐστιν θέλημα τοῦ Θεοῦ, ὁ ἁγιασμὸς ὑμῶν.

nées et leur horizon trop restreint. Nous ne connaissons pas les voies de Dieu ; bien plus, nous ne connaissons même pas nos propres besoins, nos propres misères. Dans cette ignorance, nous ne savons même pas ce qu'il est bon, ce qu'il est utile à notre perfection morale de demander par nos prières. L'Esprit vient à notre secours. Lui-même supplée à notre ignorance, à notre infirmité et, connaissant parfaitement nos besoins, il intercède pour nous. L'Esprit intercède pour nous par des soupirs inexprimables (στεναγμοῖς ἀλαλήτοις). Il soupire. La pensée de Paul continue et se développe. L'Esprit ressemble, de ce point de vue, aux autres choses de la nature. Le verset 22 avait dit que la création tout entière gémit. Le verset 23 avait déclaré que nous aussi, qui avons les prémices de l'Esprit, que nous aussi nous gémissons. Le verset 26 poursuit le parallélisme et soumet à cette loi morale l'Esprit lui-même. Seulement les soupirs de l'Esprit sont indicibles, c'est-à-dire qu'ils constituent un langage que l'intelligence humaine ne peut comprendre. Dieu seul, verset 27, qui scrute les cœurs connaît bien la pensée de l'Esprit, parce qu'il intercède selon la volonté même de Dieu. Le verset 27 suggère une réflexion utile à l'intelligence du sujet et aussi à la piété. Il ne faut pas s'imaginer l'Esprit intercédant en dehors de nous. C'est en nous-mêmes qu'il intercède, parce qu'il habite en nous, parce qu'il a pris possession de notre âme et y règne. Aussi Dieu, en scrutant nos cœurs, y surprend-il l'action de l'Esprit, ses soupirs et constate-t-il par conséquent ce qu'il pense, ce qu'il cherche, ce qu'il poursuit, ce qu'il désire. Le verset 28 émet une conclusion morale sur les avantages de ceux qui aiment Dieu : tout, dans ce monde, même les événements et les choses qui nous apparaissent comme des malheurs, des catastrophes et une source de soucis et de souffrances, tourne, en dernier ressort, et suivant les desseins mystérieux de la Providence, au bien de ceux qui ont au cœur l'amour de Dieu.

Pour rejoindre l'action de l'Esprit divin dans la prière, il faut nous reporter au verset 34 de ce même chapitre de l'Epître aux Romains. Qu'y lisons-nous ? Ce n'est pas seulement l'Esprit qui intercède pour nous. Le Christ lui-même, qui est assis à la droite du Père, est notre intercesseur (ὅς καὶ ἐντυγχάνει ὑπὲρ ἡμῶν). Ainsi, le Sauveur lui-même qui, après sa mort douloureuse et sa résurrection victorieuse, est retourné au ciel reprendre possession de son trône de gloire, intercède pour nous auprès de son Père. Quelle n'est pas dès lors la puissance de la prière chrétienne ! Elle a comme à sa disposition l'Esprit et le Fils de Dieu, qui se chargent de plaider notre cause auprès de Dieu et de lui exposer notre indigence et notre détresse.

Un autre texte bien expressif est celui de la première Epître aux Corinthiens, xiv, 15 : qu'est-il donc ? Je prierai par l'esprit, mais je prierai aussi par l'intelligence, je chanterai par l'esprit, mais je chanterai aussi par l'intelligence. La prière et la psalmodie sont ici intérieures.

C'est plus que l'esprit, c'est l'intelligence elle-même (νοῦς) qui prie et chante. Paul distingue ici entre l'esprit (πνεῦμα) et l'intelligence (νοῦς). Au point de vue de la psychologie religieuse, le premier paraît indiquer une âme fortement appliquée aux choses divines, mais n'en possédant pas une claire notion ; le second dénote au contraire une claire notion des choses divines. C'est dans ce sens que l'apôtre dit, 1ª Cor. ii, 16 : « Nous avons l'intelligence du Christ », c'est-à-dire, nous comprenons tout ce qui le concerne.

A la triple prière de Paul d'être délivré de l'ange de Satan, Jésus répond, 2ª Cor. xii, 9 : « Ma grâce te suffit, car ma puissance s'accomplit dans la faiblesse (1). » Paul est en butte à certaine infirmité, dont le caractère n'est pas bien précis. Il veut en être délivré. La prière elle-même semble rester inefficace. La réponse du Seigneur accuse nettement l'action de l'Esprit. C'est dans la faiblesse des moyens humains que cette action se manifeste. L'Esprit est en effet tout puissant et n'a besoin d'aucune influence humaine pour opérer des merveilles dans les âmes. Immédiatement vaincu par cette réponse l'apôtre s'écrie : « Je me glorifierai donc bien plus de mes faiblesses afin que la puissance du Christ repose sur moi. »

Une autre préoccupation de ce genre se révèle dans l'Epître aux Philippiens, i, 19 : « Je sais que cela tournera à mon salut, grâce à vos prières et à l'assistance de l'Esprit de Jésus-Christ. » Toutes les difficultés qu'on suscite à l'apôtre captif ser-

---

(1) ἡ γὰρ δύναμίς μου ἐν ἀσθενείᾳ τελειοῦται. On voit donc combien est fausse la traduction courante des ouvrages de piété : « La vertu se perfectionne dans la faiblesse » [= dans l'épreuve].

viront à son salut, car il a pour soutien les prières des Thessaloniciens et l'assistance de l'Esprit de Jésus-Christ. Cet Esprit habite en Lui, l'éclaire, le fortifie, l'embrase et lui fait affronter toutes les difficultés, tous les travaux et tous les dangers pour les progrès de l'Evangile.

II. — LA PRIÈRE RÉCIPROQUE.

La communion des saints est un dogme chrétien. La charité fraternelle est une vertu chrétienne. Cette charité s'exerce dans le domaine spirituel lorsqu'on prie pour les autres, lorsque, dans ses colloques avec Dieu, on fait mention du prochain ou du moins on se souvient de lui. C'est une des formes de la solidarité et de toutes la meilleure.

Saint Paul a pratiqué et recommande la prière réciproque. Nous trouvons une indication générale dans les passages de ses Epîtres où il dit qu'il fait mention, mémoire (μνεία) de ses lecteurs dans ses prières, Rom. i, 9-10 ; Ephés. i, 16 ; Philip. i, 34 ; 1ª Thess. i, 2 ; 2ª Tim. i, 3 ; Phil. 4.

Les détails fournis par l'analyse des textes nous conduisent à la même conclusion. Rom. x, 1, nous apprend que Paul prie pour le salut des Juifs. Cette prière est accompagnée du vœu de son cœur. L'apôtre, par sa conversion au christianisme, s'était séparé des Juifs, ses frères ; mais il se souvient d'eux, de leurs égarements, et il demande à Dieu, du fond du cœur, leur salut. Col. iv, 12, l'apôtre annonce aux Colossiens qu'Epaphras, serviteur de Jésus-Christ, combat toujours pour eux dans ses prières.

La préoccupation de la prière réciproque se manifeste sous une autre forme : Paul se recommande lui-même et recommande les autres aux prières des destinataires de ses lettres. Il adjure, Rom. xv, 30, ses frères de Rome, par le Seigneur Jésus et par la charité de l'Esprit, de combattre avec lui, en adressant à Dieu des prières en sa faveur. Dans ces deux passages, la prière apparaît comme une arme avec laquelle on lutte contre tous les ennemis de l'Evangile. Elle est en effet une arme très puissante, car elle fléchit Dieu en faveur de ses serviteurs et le force à intervenir dans les combats qu'ils soutiennent pour la cause de la vérité et de la vertu. La seconde Epître aux Corinthiens précise, i, 10-11, cet ordre d'idées. Dieu a délivré son apôtre d'une telle mort, et il le délivrera encore, parce que les Corinthiens l'assistent de leurs prières. Et voyez le résultat de cette prière commune. Elle obtient à saint Paul la grâce de Dieu : mais comme cette grâce a été obtenue par plusieurs, elle sera aussi pour plusieurs une occasion de rendre grâces à Dieu. Dans l'Epître aux Ephésiens, vi, 18-19, Paul recommande aux fidèles de cette ville de prier instamment pour tous les saints et pour lui-même. Col. iv, 3 et 2ᵃ Thess. iii, 1, il recommande que l'on prie pour lui. La première Epître à Timothée entre, ii, 1-2, dans les détails : on doit adresser à Dieu des prières, des supplications, des actions de grâces pour tous les hommes (ὑπὲρ πάντων ἀνθρώ-πων) ; pour les rois et pour tous ceux qui sont constitués en dignité, afin que tous mènent une vie calme et paisible en toute piété et en toute honnêteté. La prière pour les autres est une application de la grande loi de la charité, et cette loi, émanation de la volonté divine, et constituant pour le Sauveur le second commandement, est chère au cœur du grand apôtre. Il la rappelle, à plusieurs reprises, aux chrétiens auxquels il s'adresse, et l'on ne saurait résister à la tentation de rapporter le beau passage de l'Epître aux Romains, XII, 9-21, qui décrit toutes les conditions de la vraie charité :

« Que la charité soit sans hypocrisie. Ayez le mal en horreur ; attachez-vous fortement au bien. Par amour fraternel, soyez pleins d'affection les uns pour les autres ; par honneur, usez de prévenances réciproques. Ayez du zèle et non de la paresse. Soyez fervents d'esprit. Servez le Seigneur. Réjouissez-vous en espérance. Soyez patients dans l'affliction. Persévérez dans la prière. Pourvoyez aux besoins des saints. Exercez l'hospitalité. Bénissez ceux qui vous persécutent, bénissez et ne maudissez pas. Réjouissez-vous avec ceux qui se réjouissent ; pleurez avec ceux qui pleurent. Ayez les mêmes sentiments les uns envers les autres. N'aspirez pas à ce qui est élevé, mais laissez-vous attirer par ce qui est humble. Ne vous regardez pas comme sages. Ne rendez à personne le mal pour le mal. Recherchez ce qui est bien devant tous les hommes. S'il est possible, autant que cela dépend de vous, soyez en paix avec tous les hommes. Ne vous vengez pas vous-mêmes, mais laissez agir la colère [de Dieu]. Car il est écrit : *A moi la vengeance, à moi la rétribution, dit le Seigneur. Mais si ton ennemi a faim, donne-lui à manger ; s'il a soif, donne-lui à boire ; car en agissant ainsi, tu amasseras des charbons ardents sur sa tête.* Ne te laisse pas vaincre par le mal, mais surmonte le mal par le bien (1). »

D'ailleurs cette communion dans la prière a sa raison d'être en Dieu lui-même. Dieu n'a-t-il pas pitié de tous les hommes ? (Rom. xi, 32). Ne veut-il pas que tous les hommes se sauvent et arrivent à la connaissance de la vérité ? (1ᵃ Tim. ii, 4). Puisque Dieu aime tous les hommes, puisqu'il veut qu'ils arrivent à la vérité dans cette vie et au salut éternel dans l'autre, il est naturel que les chrétiens prient les uns pour les autres. Ils s'aident ainsi à traverser la mer orageuse de ce monde et à arriver au port du salut.

III. — La prière persévérante.

Après ce que nous avons dit dans les pages précédentes, ce point est épuisé. Nous l'avons isolé dans un but exclusivement didactique. Il nous suffira donc de rappeler les idées connues. Paul conseille de prier sans *interruption, assidûment* (ἀδιαλείπτως), 1ᵃ Thess. i, 2 ; v, 17 ; *toujours* (πάντοτε), 1ᵃ Cor. i, 4 ; Ephés. v, 20 ; Philip. i, 4 ; Col. i, 3 ; 1ᵃ Thes. i, 2 ; 2ᵃ Thes. i, 3, 11 ; ii, 13 ; Phil. 4.

IV. — Expériences personnelles.

Sous ce titre, Von der Goltz examine, p. 118-120, certains textes d'où il semble résulter que

____

(1) Cf. aussi 1ᵃ Cor. iv, 12-13.

saint Paul a eu avec Dieu ou le Christ des communications tout à fait particulières. Nous ne nous arrêterons pas à analyser tous ces textes, dont plusieurs sont problématiques.

Après avoir laissé entendre, 1ᵃ Cor. xiv, 6, qu'il peut parler par révélation, par science, par prophétie ou par doctrine, il s'écrie, au verset 18 : « Je rends grâces à Dieu de ce que je parle en langues plus que vous tous. » On est donc en droit de supposer qu'il avait reçu le don des langues et qu'il adresse en retour à Dieu une courte prière d'action de grâces. Paul prie donc pour des faveurs personnelles que Dieu lui avait accordées.

La révélation de 2ᵃ Cor. xii, 1 et suiv. est bien plus mystérieuse que le don des langues. L'apôtre eut des visions et des révélations. Il fut ravi jusqu'au troisième ciel ; il fut enlevé dans le paradis et entendit des paroles ineffables qu'il n'est pas permis à l'homme d'exprimer. De ces faveurs il se glorifie. C'est en effet une grâce extraordinaire. Et l'apôtre voit un motif de se glorifier dans cette marque de la bienveillance de Dieu à son égard. Car, en ce qui le concerne personnellement, il ne peut se glorifier que de ses faiblesses.

Les grâces particulières, les dons extraordinaires dont Dieu favorise certaines âmes rentrent dans le cadre de la piété, parce qu'elles indiquent le plus souvent un degré de perfection et de sainteté qui n'est pas ordinaire. On ne sera donc nullement surpris de ce que nous ayons, dans notre étude, consacré quelques lignes à ce sujet.

———

CHAPITRE VIII

Les Doxologies.

Les Doxologies sont des prières par excellence, ou, plutôt, elles sont des types synthétiques de prières. Elles réunissent en quelques expressions courtes et précises tout un ensemble d'aspirations de la conscience religieuse et énoncent en même temps des vérités dogmatiques de la plus haute importance. Voilà pourquoi elles ont toujours tenu une place considérable dans l'euchologie chrétienne et dans la liturgie ecclésiastique.

On a observé avec à propos (1) que les doxologies de Paul se divisent en deux classes : les unes se rapportent exclusivement à Dieu, les autres se rapportent à Dieu, mais par l'intermédiaire de Jésus-Christ ou en Jésus-Christ.

1° Commençons par le premier groupe. On pourrait voir un premier type de doxologie dans Rom. xi, 33. L'apôtre est saisi d'admiration et d'étonnement pour la profondeur de la richesse, de la sagesse et de la science de Dieu (2). Ses jugements sont insondables et ses voies sont inscrutables. La transcendance de Dieu accable saint Paul et lui arrache une exclamation qui trahit tout simplement l'impuissance de son âme à explorer cet abîme. 2ᵃ Cor. xi, 31 est une doxologie pro-

(1) Von der Goltz, p. 135.
(2) Notons encore ici le contre-sens de la traduction courante : « les richesses *de* la sagesse et de la science de Dieu ».

prement dite : « Le Dieu et le Père de Notre Seigneur Jésus-Christ, qui est béni dans les siècles, sait que je ne mens pas. » Cf. aussi Rom. ı, 25. Les paroles : « béni dans les siècles » (ὁ ὢν εὐλογητὸς εἰς τοὺς αἰῶνας) sont le signe distinctif de la prière doxologique. L'âme de Paul songe évidemment à la sainteté absolue de Dieu, qui est la plus haute manifestation de sa perfection morale. — La doxologie de l'Epître aux Galates, ı, 5, et de la seconde Epître à Timothée, ıv, 18, est plus concise : « à qui soit la gloire dans les siècles des siècles » (ᾧ ἡ δόξα εἰς τοὺς αἰῶνας τῶν αἰώνων). « Dans les siècles des siècles » est une formule hébraïque qui indique une durée indéfinie. — La doxologie de l'Epître aux Philippiens, ıv, 20, est presque identique à la précédente : « Gloire à Dieu et à notre Père dans les siècles des siècles. » Elle n'appelle dès lors aucune considération particulière. — La doxologie de la première Epître à Timothée, ı, 17, est plus développée : « Au roi des siècles incorruptible, invisible, au seul Dieu, honneur et gloire dans les siècles des siècles (1). » Cette doxologie présente Dieu revêtu de trois attributs : l'incorruptibilité, l'invisibilité et l'unité. C'est un canevas ou un traité rudimentaire de théologie chrétienne. L'Eglise a inséré cette doxologie dans la prière quotidienne de ses ministres, car elle en a fait le Capitule de Prime. — La doxologie de la première Epître à Timothée, vı, 16, est incontestablement la plus profonde et la plus théologique de toutes :

(1) Τῷ δὲ βασιλεῖ τῶν αἰώνων, ἀφθάρτῳ, ἀοράτῳ, μόνῳ Θεῷ, τιμὴ καὶ δόξα εἰς τοὺς αἰῶνας τῶν αἰώνων.

« Qui seul possède l'immortalité, qui habite une lumière inaccessible, que nul homme n'a vu ni ne peut voir, à qui appartiennent l'honneur et la puissance éternelle (1). »

2° Les doxologies du second groupe sont au nombre de deux : Rom. xvi, 27 : « A Dieu, seul sage, soit la gloire dans les siècles des siècles, par Jésus-Christ (2). » — La doxologie de l'Epître aux Ephésiens, iii, 21, revêt une autre forme : « A lui soit la gloire dans l'Eglise et en Jésus-Christ dans toutes les générations du siècle des siècles (3). »

Ce passage rend donc gloire à Dieu dans l'Eglise et en Jésus-Christ. On comprendra sans peine pourquoi Jésus-Christ est ici uni à l'Eglise si l'on se rappelle que le chapitre iv de l'Epître aux Ephésiens est un des fragments les plus ecclésiologiques des écrits de saint Paul (4).

Remarquons, en finissant ce chapitre, que les prières doxologiques de Paul se terminent par le souhait, que nous employons encore aujourd'hui : *Amen,* « ainsi soit-il ». Dans la plupart des cas,

(1) Ὁ μόνος ἔχων ἀθανασίαν, φῶς οἰκῶν ἀπρόσιτον, ὃν εἶδεν οὐδεὶς ἀνθρώπων, οὐδὲ ἰδεῖν δύναται · ᾧ τιμὴ καὶ κράτος αἰώνιον. Cf. Jn, i, 18.

(2) ... διὰ Ἰησοῦ Χριστοῦ.

(3) Αὐτῷ ἡ δόξα ἐν τῇ ἐκκλησίᾳ καὶ ἐν Χριστῷ Ἰησοῦ εἰς πάσας τὰς γενεὰς τοῦ αἰῶνος τῶν αἰώνων.

(4) Dans un travail critique je n'ose pas utiliser la doxologie de Rom., ix, 5, car elle contient une difficulté de ponctuation ; bien que personnellement je la tienne pour une doxologie christologique.

ce mot est prononcé par celui qui a récité la prière : Rom. i, 25 ; ix, 5 ; Gal. i, 5 ; Ephés. iii, 21 ; Philip. iv, 20 ; 1ᵃ Tim. i, 17. Quelquefois c'est l'assistant qui le prononce, 1ᵃ Cor. xiv, 16. Celui qui répond ici : *Amen,* est un homme du peuple, sans instruction.

CHAPITRE IX

Les diverses espèces de prières.

Pour désigner la prière, c'est-à-dire l'élévation de l'âme vers Dieu, saint Paul emploie plusieurs termes. Ces termes sont évidemment plus ou moins synonymes, mais ils ne sont pas identiques. Je voudrais essayer d'en préciser la signification par l'analyse philologique, sans me flatter cependant d'obtenir une délimitation parfaite et d'une netteté absolue. Ces termes grecs sont au nombre de quatre : εὐχαριστία, δέησις, προσευχή, ἔντευξις.

L'εὐχαριστία a une signification invariable et bien définie. Elle indique la prière d'action de grâces pour des bienfaits reçus. Nous avons pu nous convaincre que Paul la mentionne assez souvent ; que lui-même s'acquitte de cette dette envers Dieu et engage les communautés chrétiennes à le faire aussi. C'est un devoir élémentaire de la vie chrétienne. Dieu est notre bienfaiteur à des titres multiples. Il est juste que nous lui témoignions notre reconnaissance pour les bienfaits que nous en avons reçus, et l'action de grâces n'est en somme que l'expression de la reconnaissance. Considéré dans son étymologie le terme : εὐχαριστία (εὐ χάρις) signifie « bonne grâce. »

Comme nous l'avons déjà noté, la δέησις est une prière de demande : elle a par conséquent le sens rigoureux et spécifique de prière. C'est la *rogatio*, la *precatio* des Latins. Les Synoptiques la connaissent. Anne, Lc, ii, 37, passait son temps dans le temple se livrant, la nuit et le jour, aux jeûnes et aux prières. Eu égard aux circonstances, elle indique une prière par laquelle on demande à Dieu une faveur spéciale. Zacharie demandait un fils à Dieu. L'ange du Seigneur lui apparut dans le temple et lui dit, Lc, i, 13 : « Ne crains pas, Zacharie, parce que ta δέησίς a été exaucée. »

La προσευχή a une signification plus large et plus élastique. Elle indique tout discours pieux de l'âme avec Dieu. Saint Matthieu, xxi, 13, saint Marc, xi, 17, et saint Luc, xix, 46, la mentionnent dans une citation de l'Ancien Testament. Parfois la προσευχή indique le lieu même où l'on fait la prière : Act. xvi, 13, 16 (1).

L'ἔντευξις n'a pas de sens suffisamment déterminé. Elle conserve la signification générale de prière.

CHAPITRE X

Les doxologies de Paul dans les Pères apostoliques.

Les Pères apostoliques reproduisent textuellement ou avec quelques modifications les doxologies de saint Paul. Il sera sans doute intéressant

(1) Cf., pour ce sens, Josèphe, *Ant. jud.*, xiv, 10²³ ; saint Epiphane, *Hær.*, lxxx, 1 ; Tertullien, *Ad nationes*, i, 13 ; *De jejuniis*, 16.

de les étudier sommairement sur ce nouveau terrain. On constatera ainsi que les Pères apostoliques s'inspiraient de l'Apôtre des Gentils.

La *Didachè* emploie trois doxologies : VIII, 2, elle s'exprime ainsi : *A toi appartiennent la puissance et la gloire dans les siècles* (1). — IX, 2, 3 ; x, 2, 5, ont cette formule : *A toi la gloire dans les siècles* (2). — Enfin IX, 4, porte : *A toi appartiennent la gloire et la puissance par Jésus-Christ dans les siècles* (3).

La *Iᵃ Clementis* est riche en formules doxologiques. xx, 12 : « A qui sont la gloire et la grandeur dans les siècles des siècles » (4). — XXXII, 4 : « Quant à nous, appelés par la volonté [de Dieu] en Jésus-Christ, nous sommes justifiés, non par nous-mêmes... mais par la foi, par laquelle Dieu tout-puissant a justifié tous les hommes qui sont dès le commencement, *à qui est la gloire dans les siècles des siècles* » (5). — XXXVIII, 4 : « Ayant toutes ces choses de lui, nous devons lui rendre grâces pour tout ; *à lui la gloire dans les siècles des siècles* » (6). — L, 7 : Cette béatitude s'est réalisée en ceux qui ont été choisis de Dieu par Jésus-Christ Notre Seigneur, *à qui est la gloire dans les siècles des siècles* » (7). — LVIII, 2 : « Dieu vit et le Seigneur Jésus-Christ vit et l'Esprit-Saint,

(4) σοῦ ἐστιν ἡ δύναμις καὶ ἡ δόξα εἰς τοὺς αἰῶνας.
(2) σοὶ ἡ δόξα εἰς τοὺς αἰῶνας.
(3) σοῦ ἐστιν ἡ δόξα καὶ ἡ δύναμις διὰ Ἰησοῦ Χριστοῦ εἰς τοὺς αἰῶνας.
(4) ᾧ ἡ δόξα καὶ ἡ μεγαλωσύνη εἰς τοὺς αἰῶνας τῶν αἰώνων.
(5) ᾧ ἡ δόξα εἰς τοὺς αἰῶνας τῶν αἰώνων.
(6) ᾧ ἡ δόξα εἰς τοὺς αἰῶνας τῶν αἰώνων.
(7) ᾧ ἡ δόξα εἰς τοὺς αἰῶνας τῶν αἰώνων.

ou la foi et l'espérance des élus, que celui qui fait dans l'humilité... les justifications et les préceptes donnés par Dieu, sera rangé et compté au nombre de ceux qui sont sauvés par Jésus-Christ, *par lequel est à lui la gloire dans les siècles des siècles* » (1). — LXI, 3 : « Nous te rendons grâces par le grand prêtre et le préposé à nos âmes, Jésus-Christ, *par qui à toi sont la gloire et la grandeur maintenant et dans la génération des générations et dans les siècles des siècles* » (2). — LXIV «... pour être agréable à son nom par notre grand prêtre et notre préposé Jésus-Christ, *par qui à lui gloire et grandeur, puissance et honneur, maintenant et dans tous les siècles des siècles* » (3). — LXV, 2 : « La grâce de Notre Seigneur Jésus-Christ soit avec vous et avec tous ceux qui partout ont été appelés de Dieu et par lui, *par qui à lui gloire, honneur, puissance et grandeur, trône éternel, dès les siècles dans les siècles des siècles* » (4).

La *II*ᵃ *Clementis* n'a qu'une doxologie, xx, 5 : «... par lequel il nous a aussi manifesté la vérité et la vie céleste ; *à lui la gloire dans les siècles* » (5).

Terminons par la doxologie du martyre de Polycarpe, xiv, 3 : « A cause de cela et de toutes choses je te loue, je te bénis, je te glorifie par le

(1) δι' οὗ ἐστίν αὐτῷ ἡ δόξα εἰς τοὺς αἰῶνας τῶν αἰώνων.

(2) δι' οὗ σοί ἡ δόξα καὶ ἡ μεγαλωσύνη καὶ νῦν καὶ εἰς γενεὰν γενεῶν καὶ εἰς τοὺς αἰῶνας τῶν αἰώνων.

(3) δι' οὗ αὐτῷ δόξα καὶ μεγαλωσύνη, κράτος καὶ τιμή, καὶ νῦν καὶ εἰς πάντας τοὺς αἰῶνας τῶν αἰώνων.

(4) δι' οὗ αὐτῷ δόξα, τιμή, κράτος καὶ μεγαλωσύνη, θρόνος αἰώνιως ἀπὸ τῶν αἰώνων εἰς τοὺς αἰῶνας τῶν αἰώνων.

(5) αὐτῷ ἡ δόξα εἰς τοὺς αἰῶνας τῶν αἰώνων.

grand prêtre éternel et céleste, Jésus-Christ, ton enfant bien-aimé, *par qui à toi avec lui et l'Esprit Saint la gloire et maintenant et dans les siècles futurs* » (1).

____

CONCLUSION

La conclusion de cette étude se dégage d'elle-même parce qu'elle sort des textes. Converti au christianisme par le coup de grâce du chemin de Damas, Paul pénètre immédiatement dans l'intelligence de la religion de Jésus et lui emprunte dès lors le moule de tous les mouvements de son âme dans le champ de la piété. Tout converge chez lui vers le Père et vers Jésus-Christ et, dans bien des cas, il arrive au Père par Jésus-Christ. Sa prière reflète ou plutôt a fondé toutes les modalités de nos prières modernes ; mais elle déborde surtout du souffle puissant dont cette âme d'apôtre était pénétrée. Sa prière parle tous les langages et s'adapte à toutes les circonstances de la vie religieuse, à tous les besoins de l'apostolat ; elle entretient aussi, parmi les chrétiens, la communion des âmes. Les qualités qui la distinguent sont, autant qu'on peut le conclure de l'analyse des textes, la ferveur, l'abandon à l'Esprit et la persévérance. Par là même, cette prière contient tous les éléments essentiels de l'Euchologie chrétienne. Les siècles, qui suivront, la

____

(1) δι' οὗ σοὶ σὺν αὐτῷ καὶ πνεύματι ἁγίῳ ἡ δόξα καὶ νῦν καὶ εἰς τοὺς μέλλοντας αἰῶνας.

modifieront sans doute dans les détails, mais ils en conserveront le cadre dans toute son intégrité. Et le meilleur moyen d'apprendre à prier ce sera, après avoir écouté Jésus, de se mettre à l'école de Paul.

TABLE DES MATIÈRES

Pages.

Avant-propos................................... 3

CHAPITRE PREMIER

La vision sur le chemin de Damas................. 5

CHAPITRE II

Ceux à qui s'adressent les prières de Paul.......... 8
I. — La prière à Dieu............................ 8
II. — La prière au « Seigneur ».................... 14
III. — La prière dans ses rapports avec Jésus-Christ. 22

CHAPITRE III

Les souvenirs de la prière de Jésus dans saint Paul.. 27

CHAPITRE IV

La forme des prières de saint Paul................. 30
I. — Les prières quotidiennes 31
II. — Les prières de louanges..................... 32
III. — Actions de grâces......................... 34

CHAPITRE V

L'objet des prières de saint Paul.................. 36

CHAPITRE VI

Les vœux et les souhaits de saint Paul............. 39
I. — Vœux nettement religieux.................... 39
II. — Vœux et promesses d'un caractère plus général. 41

Pages.

CHAPITRE VII

Les qualités de la prière de saint Paul.... 43
I. — La prière par l'Esprit....................... 43
III. — La prière réciproque 49
III. — La prière persévérante..................... 52
IV. — Les expériences personnelles............... 52

CHAPITRE VIII

Les doxologies.................................. 54

CHAPITRE IX

Les diverses espèces de prières 57

CHAPITRE X

Les doxologies de saint Paul dans les Pères apostoliques...................................... 58
Conclusion..................................... 61

642-07. — Imp. des Orph.-App. F. Blétit, 40, rue La Fontaine, Paris.

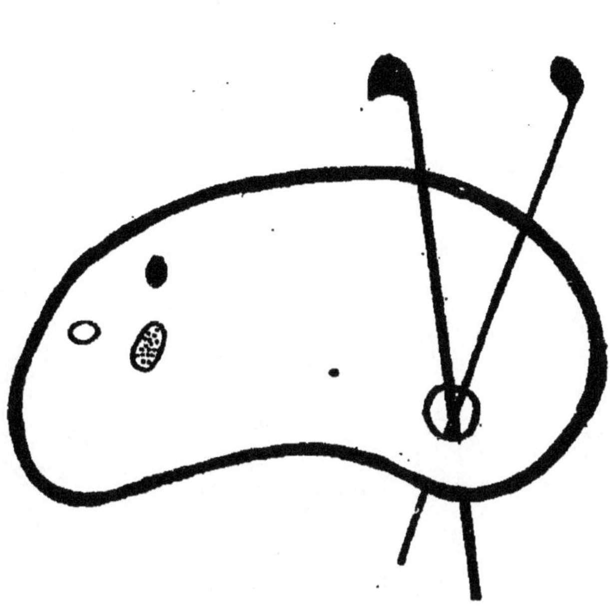

ORIGINAL EN COULEUR
NF Z 43-120-8

9 782012 722026